NELL'OFFICINA DEL DIZIONARIO

con il sostegno di TELECOM ITALIA FINANCE

NELL'OFFICINA DEL DIZIONARIO

Atti del Convegno Internazionale organizzato dall'Istituto Italiano di Cultura Lussemburgo, 10 giugno 2006

a cura di
Serge Vanvolsem e Laura Lepschy

ibidem-Verlag
Stuttgart

Bibliografische Information der Deutschen Nationalbibliothek
Die Deutsche Nationalbibliothek verzeichnet diese Publikation in der Deutschen Nationalbibliografie; detaillierte bibliografische Daten sind im Internet über http://dnb.d-nb.de abrufbar.

Bibliographic information published by the Deutsche Nationalbibliothek
Die Deutsche Nationalbibliothek lists this publication in the Deutsche Nationalbibliografie; detailed bibliographic data are available in the Internet at http://dnb.d-nb.de.

∞

Gedruckt auf alterungsbeständigem, säurefreien Papier
Printed on acid-free paper

ISSN: 1862-2909

ISBN-10: 3-89821-921-6
ISBN-13: 978-3-89821-921-1

Printed in Germany

Introduzione

Il Convegno internazionale *Dans l'atelier du dictionnaire*, svoltosi a Lussemburgo nel mese di giugno 2006, figura tra le iniziative più significative organizzate dall'Istituto di Cultura negli ultimi anni. Per la prima volta nel Granducato, l'Istituto di Cultura si è fatto promotore di un incontro di esperti sulle problematiche connesse con la redazione di dizionari. Nonostante l'argomento potesse apparire troppo 'specialistico' per un pubblico non appartenente al settore linguistico, la manifestazione ha suscitato grande interesse anche tra i 'non addetti ai lavori'.

La presentazione degli interventi in un linguaggio volutamente chiaro e comunicativo ha facilitato l'impatto con una materia non a caso ritenuta complessa, ma altrettanto affascinante e coinvolgente per chi, nel consultare i dizionari, più spesso vi si accosta. Nel corso del convegno sono stati affrontati e discussi in maniera coerente, sulla base di esperienze e di esempi riportati dai relatori dei sette Paesi rappresentati, vari aspetti (come ad es. lessico e semantica) che influiscono sulla redazione del dizionario (monolingue o bilingue) e le difficoltà che ne derivano, l'importanza della grammatica, la ricerca etimologica di oggi, etc..

Ma passiamo agli Atti.

L'idea di procedere alla pubblicazione degli Atti del Convegno è nata nello stesso momento in cui l'Istituto ha deciso di realizzare il progetto. Era evidente che un incontro, peraltro rappresentato da esperti di richiamo internazionale, dovesse avere un seguito e che, quindi, gli interventi venissero raccolti e pubblicati.

Corre l'obbligo di evidenziare che nel passaggio dall'idea del Convegno alla sua concretizzazione Laura e Giulio Lepschy (University College London) hanno svolto un ruolo deteminante. A loro sono particolarmente grata per aver incoraggiato e sostenuto, sin dall'inizio, il mio fermo proposito di organizzare nel Lussemburgo, Paese multilingue e multiculturale, un Convegno internazionale sui dizionari e per aver apportato, con i loro sempre validi suggerimenti, un prezioso contributo all'organizzazione e alla pubblicazione degli Atti del medesimo.

Ringrazio vivamente Serge Vanvolsem (Università Cattolica di Lovanio) per la sua attiva collaborazione ad entrambe le iniziative: preparazione del Convegno e successiva pubblicazione degli Atti. La sua disponibilità non è venuta mai a mancare.

Inoltre, un sentito ringraziamento a Claude Frisoni e Françoise Pirovalli del Centre Culturel de Rencontre - Abbaye de Neumünster (Sede che ha ospitato il Convegno) per il costante supporto alle iniziative dell'Istituto; a Johannes Kramer e Michael Frings (Università di Treviri) per aver dato all'Istituto l'opportunità di pubblicare gli Atti tramite la rivista *Zeitschrift für Romanische Sprache und ihre Didaktik*; a Paola Banderali e Ilona Hrenko (lettrici rispettivamente presso l'Università del Lussemburgo e l'Università di Treviri), nonché al personale dell'Istituto per la collaborazione.

Infine, ringrazio la Società *Telecom Italia - Finance* per aver reso possibile, con il suo generoso contributo, la pubblicazione degli Atti del Convegno.

Lussemburgo, settembre 2007

Giovanna Gruber
Direttore Istituto Italiano di Cultura - Lussemburgo

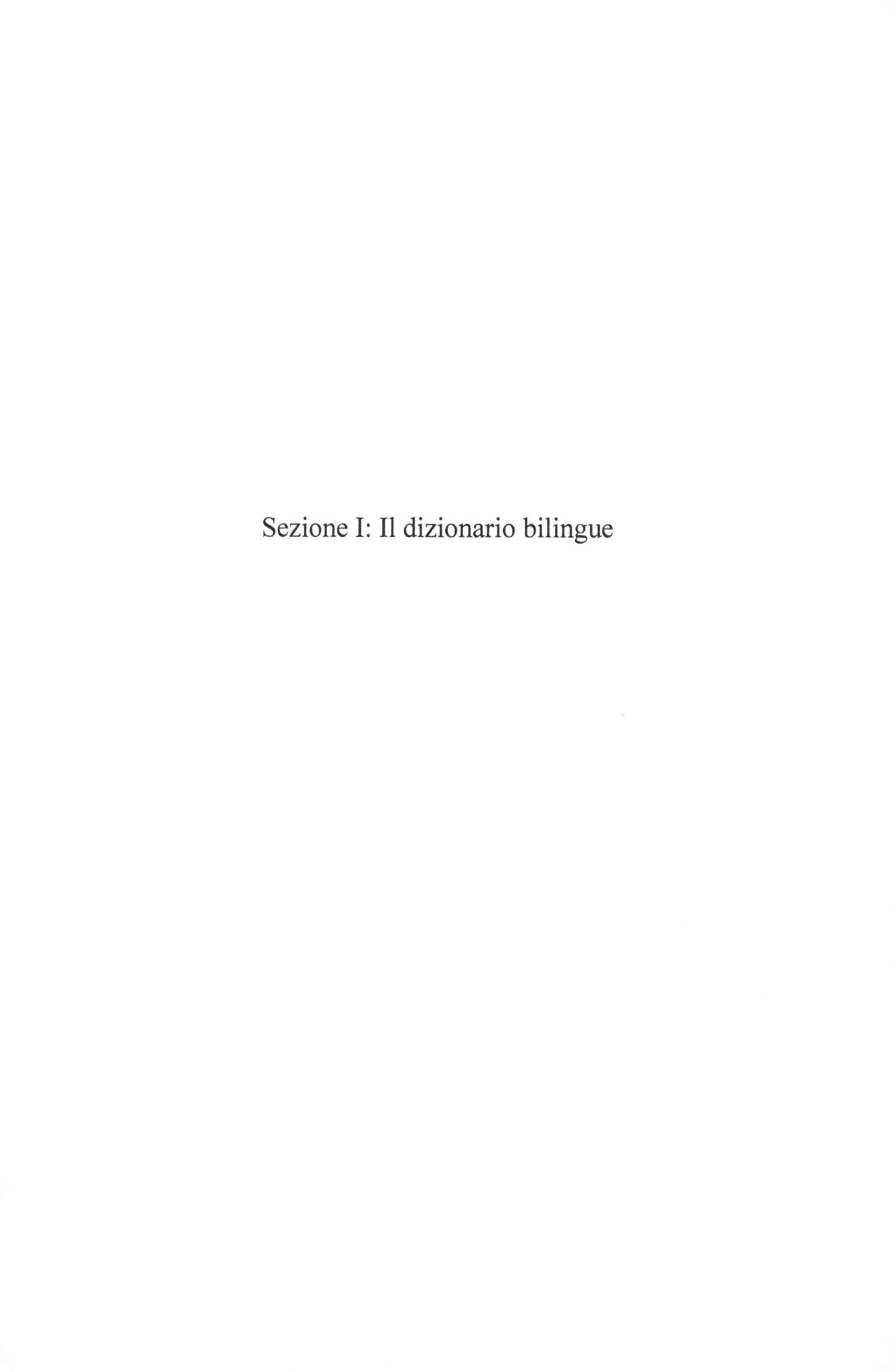

Sezione I: Il dizionario bilingue

Maria Luisa Caldognetto
(Universität Trier)

Di un'avventura chiamata *Lëtzebuergesch-Italienesch Dictionnaire* e altro ancora...

comme une ombre je poursuis les langues
que le hasard a plantées en moi
poursuivi par une ombre
qui connaît toutes les langues
et qui sait que chacune
n'est que l'ombre de l'autre

(Jean Portante, *Ouvert Fermé*)

Il primo Vocabolario italiano-lussemburghese / lussemburghese-italiano è stato pubblicato nel Granducato, nel 2003, col titolo *Lëtzebuergesch-Italienesch Dictionnaire*, da Maria Luisa Caldognetto e Jos Boggiani. L'idea di realizzare un'opera di questo tipo era nata alcuni anni addietro dalla constatazione – sorprendente per certi aspetti – che, accanto ai vari repertori lessicali che affiancavano il lussemburghese alle altre lingue, non esisteva uno strumento che facesse da tramite verso l'italiano e viceversa.

Una prima versione provvisoria, uscita nel 1996, limitata alla parte lussemburghese-italiano, si ispirava nell'impianto di base al corpus selezionato da Jacqui Zimmer in *6000 Wierder op Lëtzebuergesch* (1993). Nell'edizione definitiva del 2003, più sopra menzionata, si aggiungeva la parte italiano-lussemburghese, per la quale si era operata una selezione a partire dal "Vocabolario di base" individuato da Tullio De Mauro e pubblicato in *Guida all'uso delle parole*. Una revisione generale della prima versione veniva inoltre realizzata in quell'occasione, integrata da alcuni sussidi e indicazioni ritenuti utili per facilitarne l'uso ed offrire un supporto di tipo strutturale alle acquisizioni linguistiche.

Gli obiettivi

Nelle intenzioni degli autori, peraltro non specialisti di lessicografia ma semplicemente impegnati, in qualità di docenti (ma anche di operatori culturali attivi all'interno del movimento associativo), nella promozione e nella diffusione della lingua e della cultura italiana, l'opera in questione si proponeva inizialmente come semplice sussidio a quanti, nei contatti interpersonali, nei corsi di lingua o nei viaggi di vacanza, intendevano trovare risposte ad esigenze eminentemente pratiche di comunicazione.

L'auspicio che gli autori esprimevano all'epoca, nella *Premessa*, era infatti che il Vocabolario in questione potesse rappresentare soprattutto "un contributo – nello spirito della reciprocità – al processo di integrazione (benché da alcuni già definita perfetta), dopo più di un secolo di presenza italiana in Lussemburgo".

Non a caso l'edizione vedeva la luce non presso l'una o l'altra casa editrice operante in loco, ma era promossa e sostenuta da organismi noti per la loro azione in favore dell'interculturalità, quali il CLAE (Comité de Liaison des Associations des Étrangers) e l'associazione culturale italo-lussemburghese Convivium.

La ricezione e il suo contesto

Il successo dell'iniziativa – una sorta di boom editoriale se si pensa che una seconda e una terza edizione (per un totale di 4000 esemplari) si resero necessarie in pochi mesi già nel 1996, in un paese che contava all'epoca circa 400.000 abitanti – se da un lato confermava l'opportunità della scelta operata, volta a colmare un vuoto fino allora esistente, portava inevitabilmente ad interrogarsi sul significato di un esito così dirompente e (felicemente) inatteso.

Come mai, nonostante gli Italiani già dagli ultimi decenni dell''800 fossero presenti in massa in Lussemburgo, soprattutto nelle industrie siderurgiche e nelle miniere, e per un secolo avessero continuato ad affluirvi a migliaia attratti dall'offerta abbondante di lavoro (secondo gli storici dell'emigrazione, più di 500.000 Italiani si sarebbero avvicendati in questo paese nel corso di un centinaio d'anni), come mai dunque nessuna iniziativa di questo tipo aveva mai visto la luce prima?

O, per dirlo con le parole di uno scrittore lussemburghese di origine italiana di successo, Jean Portante, che firmava all'epoca (1996) l'*Introduzione* al Vocabolario: "qu'est-ce qui fait que ce n'est qu'aujourd'hui, alors que l'immigration italienne classique est pratiquement au point zéro, qu'est ressenti le besoin de publier un vocabulaire luxembourgeois-italien? ... à qui s'adresse ce rudiment de dictionnaire? ... Comment se fait-il que l'immigration populaire italienne – et ceci au moins jusqu'aux années soixante – n'ait pas eu besoin d'un tel instrument pour opérer son intégration?".

Secondo quanto l'esperienza degli immigrati e dei loro discendenti ci conferma (va ricordato – per inciso – che quel che resta della grande ondata di Italiani emigrati in Lussemburgo è una comunità che conta oggi circa 19.000 persone con passaporto italiano, su un totale di 445.000 abitanti di cui gli stranieri rappresentano il 39%), per decenni e decenni gli Italiani arrivavano infatti in Lussemburgo in cerca di lavoro e rapidamente cercavano di adattarsi alla nuova realtà sacrificando a poco a poco la lingua d'origine, percepita come un qualcosa di troppo, di cui sbarazzarsi per diventare il più possibile dei "veri" Lussemburghesi.

Senza contare che la lingua di origine era nella maggioranza dei casi un semplice dialetto e che per lungo tempo, per una parte non trascurabile della popolazione italiana coinvolta nel fenomeno migratorio, si trattava di una competenza esclusivamente orale.

Esiti imprevisti

In tale contesto, il *Lëtzebuergesch-Italienesch Dictionnaire* si evidenziava, da subito, come un oggetto al contempo di uso pratico e di valore simbolico per gran parte degli Italiani, e Italiani di origine, qui residenti (più di un lussemburghese su quattro avrebbe ascendenze italiane, secondo le recenti indagini sociologiche). In effetti, se da un lato il Vocabolario si offriva innegabilmente a loro come strumento per un approccio diretto alla lingua lussemburghese (il *francone-mosellano*, se vogliamo esprimerci in termini più scientifici), consentiva altresì, in parallelo, l'appropriarsi (o il ri-appropriarsi) della base lessicale dell'italiano standard, anche nella sua versione scritta. Come se si trattasse di poter affermare ormai senza reticenze – si parla oggi di "integrazione esemplare", riferendosi a quella italiana, ma non sempre è stato così – la propria appartenenza culturale originaria. Manifestando un interesse di gran lunga superiore ad ogni ragionevole aspettativa, i fruitori di questo sussidio lessicale mettevano quindi in evidenza una domanda non solo di tipo culturale ma che in qualche modo coinvolgeva anche la sfera emotiva e l'affettività.

Come ricordava ancora Jean Portante, nell'*Introduzione* citata più sopra, il Vocabolario diventava finalmente occasione "... de partager, de s'ouvrir, de faire un pas en direction de l'autre, un pas généreux, sans humiliation, sans intégration aveugle... Et surtout d'égal à égal. Dans les deux directions".

Ma un altro effetto, potremmo dire – con un paradosso – "positivamente" perverso, è andato ad aggiungersi, cioè il fatto non contemplato che il nostro Vocabolario potesse rivelarsi – come ci è stato testimoniato da più parti – un sussidio utile per l'apprendimento non solo dell'italiano ma anche del lussemburghese, nella sua versione scritta, da parte degli autoctoni. La lingua lussemburghese infatti, tra le sue peculiarità presenta quella di potersi definire ancora quasi "allo stato nascente" per quanto riguarda la sua codificazione (e questo ne fa ovviamente un campo d'indagine di grande interesse per i linguisti). Non solo la sua assunzione al rango di lingua nazionale risale al 1984, ma la stessa norma ortografica è stata fissata solo da qualche anno. Così come solo in tempi recenti si sono cominciati a diffondere i corsi di lussemburghese, lingua che precedentemente si apprendeva esclusivamente in famiglia, per i nativi, per strada o grazie agli scambi con i vicini per quel terzo della popolazione che viene definita "straniera", stante il fatto che a tutt'oggi l'alfabetizzazione a scuola qui avviene in tedesco.

Pertanto, l'edizione del 2003, resasi necessaria anche per il totale esaurimento della precedente, oltre a contemplare – come abbiamo visto – anche la parte lussemburghese-italiano in vista di una maggiore completezza da molti sollecitata, non poteva trascurare un elemento, ritenuto ormai essenziale, quale l'adozione della nuova ortografia entrata nel frattempo in vigore per la lingua lussemburghese. E paradossalmente – ancora – è toccato proprio al *Lëtzebuergesch-Italienesch Dictionnaire* lo strano destino di pioniere, in questo campo, in quanto primo Vocabolario apparso sulla scena editoriale avendo adottato la nuova ortografia.

Antecedenti e filiazioni

Non va peraltro ignorato che, fino a tempi relativamente recenti, non erano in molti in Lussemburgo ad essersi cimentati nell'elaborazione di vocabolari analoghi (prescindiamo qui infatti, volutamente, dai dizionari relativi alle lingue ufficiali del paese, il francese e il tedesco, limitandoci a quelli legati in qualche modo alle varie comunità "straniere" residenti). Per questo va reso merito all'impegno di Jul Christophory, qui presente, per aver stimolato la produzione di un primo vocabolario portoghese-lussemburghese già nei primi anni ottanta del secolo che si è appena concluso, seguito a breve distanza da un dizionario inglese-lussemburghese.

Seguiva poi, negli anni novanta, il già citato *6000 Wierder op Lëtzebuergesch,* di Jacqui Zimmer, consistente in un repertorio di 6000 parole tradotte in fracese, tedesco, inglese, spagnolo e portoghese. Su tale scia, nel 1996 l'associazione ASTI (Association de Soutien aux Travailleus Étrangers) proponeva un vocabolario lussemburghese-portoghese, dando il via ad una proliferazione di iniziative che hanno visto tra l'altro l'apparizione di un dizionario lussemburghese-neerlandese nel 1998, ungherese-lussemburghese nel 2001, rumeno-lussemburghese nel 2002. Il progetto di un dizionario lussemburghese-spagnolo e persino lussemburghese-catalano, di cui a suo tempo si era parlato, non è tuttavia finora andato in porto, anche se recentemente si è affacciata una proposta particolarmente interessante, proveniente dalla comunità ispanofona, per una versione interattiva in rete che riunirebbe anche le altre lingue neo-latine giustapponendole al lussemburghese.

Conclusioni

Percorsi incrociati dunque, nel tempo e nello spazio, reale e virtuale, percorsi se non sottesi comunque auspicati dagli autori del *Lëtzebuergesch-Italienesch Dictionnaire*, per indicare che è possibile dire il nostro mondo in altro modo, con un altro accento, declinarlo su altre tonalità. Che trasporre nella lingua dell'altro l'universo che ci abita, il quotidiano che ci plasma, significa contribuire a riscattarlo dalla sua presunta estraneità. Un messaggio che traspare – ci auguriamo – dalle pagine del nostro dizionario, e già dalla grafica di copertina si preannuncia, anche per ricordarci che non esiste lingua "pura", che ogni idioma è "meticcio", frutto d'intrecci e salutari contaminazioni.

Per ribadire – citando un'ultima volta Portante – "à ceux qui se retranchent derrière les nationalismes, qu'ils soient voilés ou à outrance, qu'ils n'ont qu'à aller se rhabiller", che potremmo anche intendere in questo caso come un invito a "cambiare aria" o "rivolgersi altrove", al di là di quegli spazi fecondi in cui la comunicazione e i suoi scambi contraddistinguono e nobilitano la parola umana.

Riferimenti bibliografici

J. BOGGIANI - M.L. CALDOGNETTO, *Lëtzebuergesch-italieneschen Dictionnaire*, Luxembourg, éd. CLAE-Convivium, 1996 (mat enger *Introduction* vum J. Portante).

M.L. CALDOGNETTO - J. BOGGIANI, *Lëtzebuergesch-Italienesch Dictionnaire / Vocabolario italiano-lussemburghese*, Luxembourg, éd. CLAE-Convivium, 2003.

J. CHRISTOPHORY, *Précis d'histoire de la littérature en langue luxembourgeoise*, Luxembourg, éd. Paul Bauler, 2005.

T. DE MAURO, *Guida all'uso delle parole*, Roma, Editori Riuniti, 1980.

B. GALLO, *Les Italiens au Grand-Duché de Luxembourg*, Luxembourg, éd. Saint-Paul, 1987.

B. GALLO, *Centenario 1892-1992 / Centenaire 1892-1992*, Luxembourg, éd. Saint-Paul, 1992.

G. NEWTON, *Luxembourg and lëtzebuergesch*, Oxford, Clarendon Press, 1996.

J. PORTANTE, *Mrs Haroy ou la mémoire de la baleine*, Luxembourg, éditions PHI, 1993 (traduzione italiana: *Mrs Haroy. La memoria della balena*, Edizioni Empirìa, Roma 2006 – a cura di M. L. Caldognetto).

J. PORTANTE, *Ouvert Fermé*, Luxembourg, éditions PHI, 1994 (traduzione italiana: *Aperto Chiuso*, Edizioni EuRoma, Roma 1995 – a cura di M. L. Caldognetto).

J. ZIMMER, *6000 Wierder op Lëtzebuergesch*, Luxembourg, éd. Saint-Paul, 1993.

Le Luxembourg en chiffres, Luxembourg, STATEC, 1996.

Le sondage Baleine. Une étude sociologique sur les trajectoires migratoires, les langues et la vie associative au Luxembourg, Luxembourg, RED-SESOPI, 1998.

À propos des langues, Luxembourg, Gouvernement du G.-D. de Luxembourg / Service Information et Presse, 2004.

Le Luxembourg en chiffres, Luxembourg, STATEC, 2005.

Jul Christophory
(Directeur Honoraire de la Bibliothèque nationale de Luxembourg)

La rédaction de deux dictionnaires de poche en tant qu'expérience pédagogique collective

Introduction

En 1980 le Lycée Michel-Rodange de Luxembourg publia le résultat d'un travail collectif en forme d'un dictionnaire de poche portugais-luxembourgeois de 190 pages. Ce fut le 2e dictionnaire de poche à paraître à l'intention des étrangers résidant au Luxembourg, après le *Kleines deutsch-luxemburgisches Wörterbuch* de Henri Rinnen et Will Reuland de 1974.

En 1982 le Lycée Michel-Rodange récidiva en publiant un dictionnaire anglais-luxembourgeois de 290 pages. Ce fut pour tous les participants une expérience instructive et enrichissante, tant pour les 450 jeunes lexicographes que pour l'initiateur et coordinateur.

Les premiers dictionnaires de petit format, publiés de 1974 à 1982, déclenchèrent au cours des années suivantes une avalanche de petits dictionnaires, destinés notamment à faciliter l' intégration des concitoyens français, allemands, italiens, néerlandais, hongrois et roumains.

Leur principal intérêt est donc plutôt d'ordre pédagogique et sociologique que linguistiquc.

Notes préliminaires

1) L' usage des langues au Luxembourg

Suivant la *Constitution de 1848* (article 29) «l'emploi des langues française ou allemande est facultatif et l'usage de l'une ou de l'autre langue ne peut pas être restreint». La *Constitution de 1948* (article 29) reprend la même formulation et ajoute: «La loi réglera l'emploi des langues en matière administrative et judiciaire».

La *loi du 24 février 1984* se décline en 4 articles principaux concernant

I) La langue nationale
II) La langue de la législation
III) Les langues administratives et judiciaires
IV) Les requêtes administratives.

En substance l'article I dit que le luxembourgeois est la langue nationale. L'article II confirme le français comme la langue de la législation. L'article III place le luxembourgeois à côté du français et de l'allemand en tant que langue administrative et judiciaire. Fière promotion. L'article IV précise que, si une requête est adressée à l'administration dans une des trois langues, cette dernière est tenue de répondre, dans la mesure du possible, dans la langue du requérant.

2) Statistiques de l'importance des différentes communautés d'étrangers résidant au Luxembourg

Notre but premier était de créer un instrument de communication et d'intégration suite à l'importance croissante de la présence des étrangers en 1981 et 20 ans plus tard:

	en 1981	en 1991	vers 2003	vers 2005
Total en %	26,3%	29,4 %	38,1 %	39,8

Les principales communautés résidentes non-luxembourgeoises:

Population	en 1981	en 1991	en 2003
Total	364.000	384.000	448.000
Luxembourgeois	268.000	269.000	277.000
Etrangers	96.000	113.000	171.000

dont

Portugais	29.300	39.100	61.400
Italiens	22.300	19.600	19.000
Britanniques	2.000	3.200	4.700

Les périodes-clés de l'élaboration des dictionnaires luxembourgeois

1829-1854: Meyer, Gangler et alii

J.F. Gangler: Lexicon der Luxemburger Umgangssprache, 1847

1855-1875: Dicks, Lentz et Rodange
1897-1916: Welter, Engelmann etc
Wörterbuch der Luxemburger Mundart, 1906
1919-1939: Koenig, Tockert, Godefroid, Klein, Margue, Feltes
1946-1975: Bruch et Commission ad hoc
Luxemburger Wörterbuch
1975-1992: Dictionnaires de poche,
1994-2005: Actioun Lëtzebuergesch - Eis Sprooch
Nouvelle commission, nouvelles réformes
Conseil permanent pour la langue luxembourgeoise
Nouveaux projets: Cortina etc
Nouveau contexte universitaire: promesses et espoirs

Le moment était propice

En 1980 le moment était venu de publier un dictionnaire de poche pour les 30.000 résidents portugais et 5.000 résidents anglais et toutes les communautés pour lesquelles l'anglais est la première langue étrangère. Une période de gestation de 125 ans était venue à maturité. Ceci essentiellement pour trois raisons:

a) Les «grands» dictionnaires:

Des 3 ouvrages parus jusqu'alors, deux étaient épuisés (les éditions de 1847 et 1906), le troisième, complété en 1975, fut difficile d'accès et contenait des commentaires en allemand, tandis que la majorité des résidents étrangers est largement francophone.

b) Les dictionnaires de poche:

Le seul ouvrage existant (allemand – luxembourgeois), paru en 1974, fut un grand succès, mais ne servait point la communauté portugaise représentant pourtant à ce jour 15 % de tous les résidents étrangers.

c) Mon expérience personnelle:

Mon expérience d'enseignement du luxembourgeois (e.g. des cours particuliers pour les étudiants du *Miami University European* Center depuis 1970 et aux Institutions européennes depuis 1973), ainsi que mes contacts permanents avec des résidents étrangers m'incitaient à entreprendre un travail lexicographique en tant qu'outil d'intégration indispensable.

Intérêt confirmé par mes publications ad hoc jusqu'à cette date,

- *Dites-le en luxembourgeois* (1971),
- *Nous parlons luxembourgeois* (1973),
- *Les Luxembourgeois par eux-mêmes* (1978)
- Mes chroniques et essais dans le magazine «Luxembourg Weekly Review» (de 1974 à 1976)

Finalité et public cible

Les *jeunes étrangers* vivant au Luxembourg qui veulent,

- mieux s'intégrer à leur lieu de travail
- mieux s'intégrer dans leur communauté villageoise
- faciliter leurs contacts dans les associations culturelles et sportives

Les *parents* qui veulent comprendre leurs enfants en conversation avec leurs copains ou s'entretenant entre eux

Les *sportifs* qui veulent comprendre leur entraineur ou coach sportif

Les *linguistes et traducteurs* travaillant au Luxembourg

Les nombreux *inscrits aux cours de luxembourgeois*

Phases d'élaboration en dix étapes

Après concertation avec la Direction du Lycée et recherche d'un sponsor:

1) Découpage a) d'un dictionnaire de poche portugais-allemand, et b) anglais allemand de l'édition *Langenscheidts Universal Wörterbuch* (comprenant environ 15000 mots sur 2x 230 pages).

2) Distribution contrôlée à des élèves volontaires de mes classes d'anglais plus quelques classes de collègues qui s'étaient ralliés au projet. Ceci seulement après court passage de briefing et de motivation pendant une récréation ou en début de cours du titulaire afin de présenter l'ensemble du projet et d'en appeler à leur fierté de participer à une œuvre collective concrète et utile et de voir leur nom figurer dans la liste des collaborateurs bénévoles à la fin de l'ouvrage.

3) Travail de remplacement du terme allemand par terme luxembourgeois en tant qu'équivalent du mot portugais ou anglais d'origine.
4) Travail de collecte et de contrôle des contributions individuelles, éventuellement rappel des délais aux retardataires et assistance en cas de difficultés.
5) Correction et annotations, éventuellement suggestions d'amélioration ou de complétion de la traduction proposée
6) Remise de cette copie annotée aux élèves
7) Collecte définitive des copies
8) Révision finale et harmonisation des différentes présentations par mes soins ou par un de mes collègues
9) Remise du manuscrit ou tapuscrit à l'imprimerie
10) Impression et diffusion par l'Office des Imprimés de l'Etat

Détails sur le contenu et les jeunes collaborateurs

Dictionnaire portugais-luxembourgeois

- 160 pages de dictionnaire et 30 pages de guide de conversation,
- 140 élèves de la quatrième à la deuxième.

Dictionnaire anglais-luxembourgeois

- 247 pages de dictionnaire et 40 pages de grammaire et de bibliographie,
- 300 élèves de la quatrième à la première

Dans l'impossibilité de s' appuyer sur des corpus de textes ou des listes de fréquence établis de façon scientifique pour la langue luxembourgeoise, ils ont contourné cette difficulté en amont en empruntant comme point de départ la grille lexicographique établie pour nos deux langues-sources par une grande maison d'édition de dictionnaires.

Nos sources d'inspiration et nos guides pratiques pour la réalisation furent les suivants:

Pour le projet portugais:

- *Langenscheidts Universal-Wörterbuch Portugiesisch*, 1978: 15000 mots
- Rinnen-Reuland, *Kleines Deutsch-Luxemburgisches Wörterbuch*, 1979[3]

Pour le projet anglais:

- *Langenscheidts Universal-Wörterbuch Englisch*, 1976: 35000 mots

Défis pour les lexicographes amateurs et le coordinateur

Un travail posant de lourdes exigences, notamment une rigueur d'observation et de précision concernant l'orthographe du mot-source, un esprit de suite et un fin discernement contextuel ainsi qu'un strict respect de l'équivalence sémantique et connotative entre le mot-source et le mot-cible. Une attention particulière fut requise par la tilde en portugais, l'accent circonflexe, la cédille, le trait d'union et la séparation des syllabes, le genre, le niveau de langue (populaire, argotique, formel etc.) et les abréviations codifiées (cf. angl. o.s.=oneself; s.o. =someone ; allmd. j-n= jemanden; e-n= einen). Quant au mot cible luxembourgeois, il fallait souvent choisir entre le mot d'emprunt français ou le mot correspondant allemand (cf. Televisioun/Fernseh; Explicatioun/ Erklärung…). Parfois ils se trouvaient confrontés à des doublons de correspondance sémantique ou lexicographique et découvraient par là-même dans la langue luxembourgeoise des ressources insoupçonnées de richesse idiomatique.

Le respect de l'Eifeler Regel concernant l'élision de la lettre terminale *-n* devant les mots commençant par une voyelle ou les consonnes *d, h, n, t, z*, posait maint problème. Du point de vue stylistique, il fallait observer que souvent la circonlocution verbale est plus usitée que la forme nominale (cf. au lieu de *Inhalt* le luxembourgeois préfère la forme verbale *wat dra steet*).

Les défis principaux pour le coordinateur du projet étaient d'abord la motivation de tous les élèves -dont la majorité ne faisait pas partie des classes qu'il enseignait en ce moment et, une fois le pari gagné, l'harmonisation de toutes les traductions proposées dans un ensemble structuré.

La situation des dictionnaires de poche 25 ans après

Les premiers dictionnaires de petit format, publiés de 1974 à 1982, déclenchèrent au cours des années suivantes une avalanche de petits dictionnaires, destinés notamment à faciliter l'intégration des concitoyens français, allemands, italiens, néerlandais, hongrois et roumains. Leur principal intérêt est donc plutôt d'ordre sociologique et utilitaire que linguistique.

Les premiers dictionnaires utilisant le luxembourgeois comme langue-source

1989: Kroemmer, *Steng fir e lëtzebuergesch-franséischen Dictionnaire*, Actioun Lëtzebuergesch, Eis Sprooch no 11, rééd. 2000 Eis Sprooch no 21

1993: Jacqui Zimmer, *6000 Wierder op Lëtzebuergesch* (+ fr., all., esp., port., angl.)

1996 Boggiani-Caldegnotto, *Lëtzebuergesch-Italieneschen Dictionnaire* (Asti)

1998: Van Dijk, *Dictionnaire Lëtzebuergesch- Holländnesch*, CLAE

2003 Réédition Boggiani-Caldognetto (AIL)

Mention spéciale pour 4 autres ouvrages originaux dans ce contexte:

1990: *De Lëtzebuerger Banklexikon*

1995: Tousch, *Verhonziklopedi: lëtzebuergesch-franzéisch*

1999: *Männlech-Weiblech*, Ministère de la Promotion féminine

2000: Heather, *Meng éischt dausend Wierder op Lëtzebuergesch*

La situation actuelle des dictionnaires de poche utilisant seulement -ou en parallèle- le luxembourgeois comme langue-cible)

Henri Rinnen - Will Reuland, *Kleines Deutsch-Luxemburgisches Wörterbuch*, Luxemburg, Sankt-Paulus-Druckerei, 1980 (1974[1]).

Lycée Michel-Rodange, *Portugisesch-Lëtzebuergeschen Dictionnaire*, dir. par Jul Christophory, 1980, 2003.

Lycée Michel-Rodange, *English-Luxembourgish Dictionary*, dir. par Jul Christophory, 1982, 1996.

Henri Rinnen, *Dictionnaire français-luxembourgeois*, 1988, 1995.

Jacqui Zimmer, *6000 Wierder op Lëtzebuergesch*, 1993; 2e éd.+ CD-Rom 2000.

Jos Boggiani - Maria-Luisa Caldognetto, *Lëtzebuergesch-Italieneschen Dictionnaire*, Luxembourg, éd. CLAE-Convivium, 1996; éd. revue et augmentée, publiée avec le vol. *Italienesch-Lëtzebuergeschen Dictionnaire*: 2003.

Cornelia Pantea-Keintzel, *Wierderbuch Lëtzebuergesch-Ungaresch* et *Ungaresch-Lëtzeebuergesch*, 2001.
Cornelia Pantea-Keintzel, *Lëtzebuergesch-Rumänesch et Rumänesch-Lëtzebuergesch*, 2002.
Liette Derrmann-Loutsch, *Deutsch-Luxemburgisches Wörterbuch*, 2003.
Geneviève Bender-Berland, Johannes Kramer, Joseph Reisdoerfer: *Dictionnaire Etymologique des Eléments français du Luxembourgeois*, Tübingen, Narr Verlag 2003.
Liette Derrmann-Loutsch, *Dictionnaire français-luxembourgeois*, 2006.
Schanen-Lulling: *Luxdico*, 2e éd., 2006.

Banques de données *LuxTexte*, *Luxdico* et autres...

LuxTexte a été constitué en 2000 sous la direction de Joseph Reisdoerfer dans le cadre des travaux préparatoires à un dictionnaire pratique du luxembourgeois moderne. Actuellement *LuxTexte* est composé de 1.140.798 mots (tokens) qui ont généré 57.232 mots vedettes (types) (cf. détail dans *Introd.* au premier fascicule du *Dictionnaire Etymologique des Eléments français du Luxembourgeois* (2003).

Lors d'une présentation en 2001 du CCPL (Conseil permanent pour la langue luxembourgeoise) la Ministre de la Culture, Mme Hennicot, mentionnait un corpus de 1,8 million de mots courants provenant de sources écrites et orales.

Dans le cadre du projet du *spell-checker Cortina* au CRP Gabriel Lippmann, Jérôme Lulling et François Schanen développent le dictionnaire online *Luxdico*, un ouvrage évolutif comprenant actuellement 2 x 24000 = 48000 éléments de traduction (français-luxembourgeois et luxembourgeois-français). Ce dictionnaire existe aussi sous forme de papier: deux éditions successives, d'abord en grand format, ensuite en livre de poche.

Selon le rapport d'activité 2002 du CRP Lippmann, Lulling l'aurait développé jusqu'à 123 000 entrées / unités lexicales. Il mentionne aussi une version sécurisée, encryptée par l'informaticien du projet, Pierre Mousel, pour limiter une utilisation abusive. Une version pour le logiciel StarOffice et une autre pour le logiciel Word:mac ont aussi été implémentées.

NB. Voir aussi les travaux de Nico Weber (+) réalisés à Bonn.

Mot de la fin:

Une réédition du dictionnaire portugais – luxembourgeois par le Ministère de l'Education nationale en 2002 et trois rééditions du dictionnaire anglais-luxembourgeois par les Editions Schortgen (en 1995, 1999 et 2005) ont prouvé le bien-fondé de cette initiative pédagogique et l'utilité pratique de ces instruments de rapprochement et d'intégration des deux communautés linguistiques au Luxembourg. Elles constituent un élément de profonde satisfaction et de souvenir reconnaissant de ces efforts minimes consentis par tous les participants en vue de réaliser une œuvre collective au début des années quatre-vingts.

Riassunto italiano:

La redazione di due dizionari tascabili come esperienza pedagogica collettiva

Nel 1980 il liceo Michel-Rodange di Lussemburgo pubblicava il risultato di un lavoro collettivo: un dizionario tascabile portoghese-lussemburghese. 140 allievi di varie classi, dalla seconda alla quarta, e vari colleghi insegnanti, avevano riuniti i loro sforzi per redigere un dizionario bilingue. Questo fu il secondo dizionario tascabile destinato a stranieri residenti nel Lussemburgo dopo il *Kleines Deutsch-Luxemburgisches Wörterbuch* di Henri Rinnen e Will Reuland del 1974. Nel 1982 ripeté l'impresa pubblicando un dizionario inglese-lussemburghese di 290 pagine, con la collaborazione di 300 allievi dalla prima alla quarta classe.

Questa fu per tutti i partecipanti un'esperienza istruttiva e proficua. Non potendo fondarci su corpora di testi o su liste di frequenza stabilite scientificamente per la lingua lussemburghese abbiamo aggirato la difficoltà all'origine, ricorrendo alla griglia lessicografica stabilita per le nostre due lingue di partenza da una grande casa editrice con esperienza lessicografica.

I primi dizionari di formato ridotto, pubblicati dal 1974 al 1982, produssero nel corso degli anni successivi una serie di dizionari minori destinati principalmente a facilitare l'integrazione dei nostri concittadini francesi, tedeschi, italiani, neerlandesi, ungheresi e romeni. Il loro interesse è dunque d'ordine sociologico e pratico piuttosto che linguistico.

Elżbieta Jamrozik
(Uniwersytet Warszawski)

Problemi di grammatica in un dizionario bilingue: il *Grande Dizionario italiano polacco* e il *Mini dizionario italiano-polacco polacco-italiano*

Valutare in modo giusto il rapporto tra lessico e grammatica in un dizionario è uno dei compiti più ardui della descrizione lessicografica, specie quella bilingue che si propone di mettere a confronto due sistemi linguistici diversi. L'argomento quanta grammatica inserire in un'opera lessicografica e in quale forma, benché abbia fatto l'oggetto di numerose riflessioni,[1] rimane tuttora irrisolto e ogni autore o editore è costretto ad assumersi la responsabilità di bilanciare la parte dell'informazione grammaticale che ritiene strettamente necessaria, tenendo conto di numerosi fattori, non solo di natura scientifica, ma anche pratica, come l'accessibilità dell'informazione fornita all'utente *target*, la leggibilità del lemma e, *last but not least*, le esigenze economiche dell'editoria. Da questa tensione consegue che per ogni lingua il mercato offre dei dizionari di scarsa utilità, perché limitati per la maggior parte a liste di lemmi provvisti al

---

[1] La presenza di informazioni grammaticali nel lessico e il condizionamento reciproco tra semantica e strutture sintattiche è sottostante sin dagli anni '70 del Novecento a vari lavori che, a partire da un'ottica post-harrisiana, hanno elaborato un metodo di analisi del lessico basato sul presupposto del legame tra semantica e strutture sintattiche, detto lessico-grammatica: occorre citare i lavori sulla sintassi di M. Gross (1968, 1975, 1990), quelli di G. Gross sul lessico-grammatica (v. sotto nota 2), le strutture fisse e i connettori, nonché la riflessione di M. Prandi sulle strutture frasali (2004) e sull'espressione del concetto di finalità (2005, 2006); del medesimo autore occorre anche citare la grammatica (2006) che pone chiaramente il ruolo della sintassi in linguistica. Tra i lavori degli ultimi anni di particolare rilievo sono P. Cordin, M.G. Lo Duca (2003), E. Ježek (2003) sulla tipologia verbale in chiave sintattico-semantica, S. Cantarini (2004) sui costrutti a verbo supporto. L'approccio sintattico vi e completato da una riflessione rifacentesi agli studi ormai classici di Bühler e Tesnière che collega la semantica del verbo alla struttura della frase. Mettere a fuoco le relazioni tra struttura semantica e sintassi è stato lo scopo principale del *Dictionnaire sémantique et syntaxique des verbes français* che, pubblicato a Varsavia in un periodo di chiusura politica, non ha avuto l'attenzione che meritava, nonché di lavori emersi dalla concezione metodologica ivi adottata (v. Jamrozik 1992). In una prospettiva lessicografica v. anche A. Puglielli (1999) il volume curato da T. De Mauro e V. Lo Cascio (1999).

massimo di una categorizzazione morfologica approssimativa e di una traduzione altrettanto approssimativa, data la mancanza di criteri validi che permettano di operare scelte sicure tra le varie accezioni del lemma.

Il problema delle strutture grammaticali non concerne in misura uguale tutto il lessico: considerando lemmi quali: *albero, cane, borsa, città* o *portafoglio*, i tre primi non pongono problemi altro che semantici riguardanti la ripartizione in accezioni e la scelta dell'esemplificazione o di strutture polirematiche (*cane da guardia*); gli ultimi invece richiedono informazioni grammaticali quali la specificazione del plurale (*portafoglio*) o del carattere invariabile del lessema (*città*). Al problema delle strutture sintattiche sono invece sensibili in particolar modo i lessemi predicativi, soprattutto i verbi, ma anche aggettivi combinabili con strutture preposizionali (*fiero di, pronto a*), nonché numerosi sostantivi di natura predicativa che, spesso derivati da verbi o aggettivi, indicano non oggetti, ma stati di cose, relazioni (*negazione, rifiuto, promessa, prontezza*), creando talvolta delle serie Verbo – struttura V supporto + Nome predicativo – Aggettivo + Sintagma Preposizionale:

- *Marco decide **di** partire – Marco prende la decisione **di** partire – Marco è deciso **a** partire.*
- *Marco rispetta **la** legge – Marco ha rispetto **per la** legge – Marco è rispettoso **della** legge.*[2]

La complessità dei lessemi sopracitati non è dovuta solo all'arbitrarietà con la quale selezionano la struttura sintattica, ma anche alla varietà di quest'ultima, per cui il confronto con un altro sistema linguistico può provocare non solo strutture diverse, ma anche dei vuoti (*lexical gaps*) che appaiono quando una lingua non realizza una delle potenzialità che teoricamente le sono offerte: così alla struttura aggettivale italiana *essere rispettoso di SN* corrisponde in polacco

[2] La corrispondenza tra strutture verbali, nominali con verbo supporto e aggettivali ha fatto l'oggetto di numerosi lavori nel quadro del lessico-grammatica, inizialmente per il francese: cfr. in particolare G. Gross (1986, 1990) per le corrispondenze tra strutture nominali e verbali e (1994) per la tipologia dei nomi in chiave sintattica ("les classses d'objets"); G. Gross (1992) e C. Leclère (1990) per la tipologia dei verbi; R. Vivès (1985) per l'applicazione della metodologia nell'insegnamento di lingue straniere. Per l'italiano v. S. Vietri (2004) sull'applicazione del metodo 'lessico-grammatica' alle strutture dell'italiano; v. inoltre i lavori precedenti dell'autrice e quelli di A. Elia (1978, 1984).

solo una struttura verbale (*szanować*) o due strutture nominali con il verbo supporto (*mieć poszanowanie dla SN, mieć w poszanowaniu SN*).[3]

Testimonianza della natura complessa del rapporto tra il contenuto del lemma e le sue strutture sintattiche sono i modi diversi in cui esso viene trattato a livello dei dizionari monolingui: anche un confronto sommario dei più importanti vocabolari pubblicati in Italia negli ultimi anni[4] rivela differenze sostanziali in merito:

- Il *Dizionario della lingua italiana* di De Mauro (2000), non fornisce informazioni esplicite sulla struttura sintattica che si rivela attraverso numerosi esempi di uso;
- Il *Dizionario* di Devoto-Oli (2006) specifica la reggenza preposizionale dei verbi, ma non fornisce regolarmente informazioni sulla loro valenza;
- Il *DISC* di Sabatini e Coletti (1997), in particolare nella versione del 2007 contiene regolarmente informazioni esplicite sulla struttura sintattica, soprattutto verbale.

Un problema analogo si pone per il polacco dove il più moderno dal punto di vista sintattico sembra il dizionario *Inny Słownik Języka polskiego* pubblicato in due volumi dalla casa editrice PWN nel 2000 che costituisce dal punto di vista metodologico una svolta nella lessicografia polacca, del resto relativamente conservatrice.[5] *Inny słownik* correda infatti regolarmente i lemmi di informazioni grammaticali, sia morfologiche-flessive, che sintattiche presentate in forma abbreviata in una colonna separata accanta al lemma stesso.

Se nel caso di opere lessicografiche monolingui, la scarsità dell'informazione grammaticale potrebbe al limite spiegarsi tramite la fiducia dell'autore nella competenza innata del *native speaker*, nel caso del dizionario bilingue la mancanza di informazioni grammaticali costitutisce per l'utente la fonte principale di errore.

---

[3] Sulle strutture 'Verbo supporto + Nome predicativo' del polacco v. G. Vetulani (2000). Ivi anche riferimenti bibliografici a lavori precedenti in contrasto con il francese.

[4] Abbiamo considerato la versione monovolume, non il GRADIT, per rimanere in parità quantitativa con gli altri due dizionari citati.

[5] Sul conservatismo dei dizionari in lingua polacca che perpetuano metodologie lessicografiche tradizionali in conformità con i gusti dei lettori v. Żmigrodzki (2005).

È sintomatico comunque che manchi una riflessione metodologica sistematica sui contenuti grammaticali da inserire nei dizionari bilingui: che i lessicologi si pongano come critici o come storici della produzione lessicografica, essi si limitano a trattare principalmente di opere monolingui.[6] Orbene, soprattutto nel caso del verbo che regge l'intera struttura frasale, l'importanza riconosciuta alla valenza nel modello monolingue[7] andrebbe trasferita al modello bilingue.

Infatti, nella fase di elaborazione del materiale della lingua di partenza occorre non solo effettuare in un primo tempo una scelta adeguata dei lemmi, delle singole accezioni, idiomatismi e strutture polirematiche; è necessario inoltre fornire all'utente strumenti grammaticali che gli permettano, se non di usare la lingua di arrivo in modo corretto, almeno di eliminare al massimo il rischio di enunciati erronei. A questo scopo le voci del dizionario, specie i nomi, i verbi e gli aggettivi, devono essere corredate di indicazioni riguardanti le loro strutture grammaticali al fine di prevenire ogni tentativo di tranfer di struttura della lingua madre sulla lingua straniera. Tenendo conto di questa necessità, la scelta del materiale grammaticale da includere in un dizionario bilingue viene condizionata da due fattori iniziali:

- il fattore spazio, per cui un dizionario grande contiene necessariamente più grammatica di un dizionario piccolo, mentre la scelta per un dizionario piccolo diventa più problematica, dato che deve includere tutto quanto l'autore giudica fondamentale in uno spazio più ristretto e una forma relativamente semplice;
- la chiave contrastiva alla quale ricorre il lessicografo per stabilire i punti in cui la lingua di arrivo si scosta dalla lingua madre dell'utente; in questo senso il dizionario mira a un destinatario determinato, facendo fronte alle sue esigenze e prevedendo i potenziali momenti di errore grammaticale.

Per il lessicografo questa doppia esigenza diventa fonte di una tensione che si instaura tra le esigenze pratiche dell'utente che richiede al dizionario di fornirgli degli strumenti di comunicazione linguistica efficace e il quadro ristretto, per lo

---

[6] Cfr. Żmigrodzki (2005), Piotrowski (1994, 2001) per il polacco. Anche se Piotrowski (2001) tratta di lessocografia bilingue, la pone principalmente in ottica semantica di ricerca dell'equivalenza giusta, non in chiave grammaticale. Sull'importanza delle strutture messe a contrasto nell'insegnamento di lingue straniere v. comunque I. Szymańska, G. Śpiewak (2005). Per l'italiano cfr. V. della Valle (1993, 2005), T. De Mauro (2005) e M. Aprile (2005), seppur quest'ultimo riconosca l'importanza della valenza nella strutturazione dei verbi.

[7] Cfr. Ježek, (2003), Aprile (2005).

spazio e in conseguenza le tecniche adottate, in cui si muove la descrizione lessicografica. Pertanto, il processo di elaborazione del tradizionale dizionario bilingue cartaceo che viene oggigiorno proposto agli utenti in formato più o meno ridotto, comprende un certo numero di decisioni su come inserirvi l'informazione grammaticale necessaria affinché le voci vengano usate conformemente alle regole della lingua.

Siamo infatti fermamente convinti che non è possibile separare la descrizione lessicale di una voce dalla sua componente grammaticale, in quanto il significato dei lessemi inglobi le loro proprietà grammaticali. Questa constatazione, vera per ogni singola lingua, acquisisce un peso ancora maggiore nel caso di confronto tra lingue diverse: in conseguenza, l'assenza di informazione grammaticale non solo priva l'utente di strumenti fondamentali per la costruzione di strutture linguistiche accettabili in lingua straniera, ma rende addirittura il dizionario poco utile. Al lessicografo non si dovrebbe quindi porre il problema SE inserire informazioni grammaticali nelle voci, ma soltanto COME farlo in modo più economico e nel contempo più amichevole per l'utente.

Un certo numero di contenuti grammaticali entra nel dizionario in modo esplicito: è il caso della ripartizione in parti del discorso, seppur problematica per le categorie ibride, quali ad esempio la congiunzione e l'avverbio;[8] è anche il caso delle informazioni morfologiche sul genere del nome, su irregolarità di genere e numero, come di alcune peculiarità della coniugazione verbale (rinviate a un tipo di coniugazione) nonché della morfosintassi del verbo (suddivisione in *vt*, *vi*, *vr*).

Altri contenuti grammaticali, seppur non espressi direttamente nel corpo della voce, si ritrovano negli esempi e nella fraseologia presentata: si tratta dell'uso degli articoli, dell'aspetto verbale, dell'uso dei tempi e dei modi, di alcune strutture del verbo, dei nomi e dell'aggettivo predicativo. Il valore didattico di tali informazioni rimane relativo: anche se è ovvio che l'utente non imparerà da un dizionario l'uso dell'articolo, la *consecutio temporum*, né la struttura del

---

[8] Sulla categorizzazione problematica di alcuni lessemi che, condividendo alcune proprietà con gli avverbi e altre con le congiunzioni, rimangono a cavallo tra queste due categorie parleremo in seguito.

periodo ipotetico, il dizionario gli dovrebbe comunque fornire delle indicazioni sulla via da seguire, sulle scelte da effettuare a livello grammaticale come a livello lessicale.

Alcuni dizionari cercano di restringere al massimo questa parte della voce, volendo lasciare più spazio a una maggiore quantità di voci; tuttavia rischiano ciò facendo di privare l'utente dell'informazione necessaria per l'uso corretto della voce.

dzięki *praep* mediante, mercè
dziękować *vt* ringraziare
dziki *adj* selvaggio, selvatico
dziobać *vt* beccare
dziób *m* rostro, becco
dziób (statku, samolotu) *m* prua

Limitandoci all'esempio presentato sopra[9] del verbo *dziękować*, l'utente polacco, pur sapendo che il suo corrispondente italiano è *ringraziare*, non sarà in grado di costruire la frase *Ti ringrazio per la lettera*.

Tenendo presenti queste osservazioni ci proponiamo di rispondere alla domanda quali elementi di grammatica un dizionario bilingue dovrebbe contenere per essere utile a una data categoria di utenti. A questo scopo ci siamo avvalsi di due dizionari italiano-polacchi di recente pubblicazione:

- Il *Grande Dizionario italiano-polacco* [10] che è il frutto della collaborazione della casa editrice polacca Wiedza Powszechna con l'Accademia della Crusca. Il dizionario raccoglie complessivamente: 40.000 lemmi nel I vol., 21.000 nel II vol., 15.000 nel III vol.; altrettanti sono previsti all'incirca nel IV vol., il che fa ammontare a un totale di 100.000 lemmi la parte italiano-polacca.
- Il *Mini Dizionario italiano-polacco polacco-italiano* pubblicato dalla casa editrice PWN (2000, 2ª ed. 2005) contiene 40.000 lemmi circa per ciascuna parte (per un totale di 80.000 lemmi); rispetto al *Grande Dizionario* non solo è ridotto il numero di lemmi, ma ogni voce lessicale è anche meno sviluppata, limitata alle accezioni più usate, priva di quelle letterarie, arcaiche, poetiche, regionali e tecniche (eccezione fatta dei tecnicismi più frequenti).

---

[9] L'esempio proviene da *Słownik włosko-polski polso-włoski*, Varsavia, Exlibris, 1999.

[10] In futuro è prevista anche la parte polacco-italiana di questo *Dizionario*.

In seguito presenteremo gli elementi grammaticali contenuti nelle voci dei due dizionari, cercando di giustificarli tramite un contrasto tra le strutture delle due lingue. Il punto di vista adottato è quello dell'utente polacco: riteniamo infatti che un dizionario bilingue è sempre orientato verso una categoria di utenti, che siano di L1 o di L2, dato che non esiste la piena simmetria tra le lingue e che alcune conoscenze grammaticali vanno date per scontate solo per una di esse. Un dizionario bilingue orientato verso i polacchi dovrà specificare, fenomeni fonetici, morfologici e sintattici dell'italiano senza entrare nel dettaglio della fonetica, morfologia e sintassi polacca che si presume l'utente conosca. Un tale dizionario sarà di utilità limitata per un italiano, che ha bisogno delle medesime informazioni, ma sul polacco. Un dizionario pienamente simmetrico, seppur utile ad entrambe le categorie di utenti, sarebbe di consultazione difficile per la necessaria prolissità.

La grammatica italiana a livello contrastivo

a) *fonologia*

Dal confronto del sistema fonetico italiano con quello polacco risulta che, data la mobilità dell'accento italiano rispetto alla relativa fissità del polacco (dove la stragrande maggioranza del lessico sono parole piane[11]), diventa necessario segnalare all'utente le parole italiane accentate in modo diverso che sulla penultima sillaba:

interferenze possibili:

mordere NON *mordere*

sillaba NON *sillaba* (pol. *sylaba*)

simpatico NON *simpatico* (pol. *sympatyczny*)

Queste informazioni, in quanto fondamentali per la pronuncia corretta di parole italiane, andrebbero inserite in ogni tipo di dizionario; il *Grande Dizionario* inoltre

a) distingue le vocali "e" e "o"aperte e chiuse sotto accento:

accoglienza, flettere con la "e" aperta segnata da un uncino

[11] Fanno eccezione le voci di origine greca che dovrebbero essere proparossitone: *gramatyka*, *matematyka*; occorre notare tuttavia che l'uso comune ha sempre più tendenza a spostare l'accento regolarizzandolo sulla penultima.

grassezza, ragnatela	con la "e" chiusa segnata da un puntino
economico, deontologico	con la "o" aperta segnata da un uncino
geloso, dolore	con la "e" chiusa segnata da un puntino

b) segnala le pronunce incerte per uno straniero:

- "s" sorda o sonora: *risolvere* [-s-]; *disarmare* [-z-]
- "z" sorda o sonora: *fosfatizzazione* [-ddzats-]

b) *morfosintassi*

Ambedue i dizionari forniscono generalmente informazioni morfologiche sulle forme del plurale e del femminile irregolare dei nomi (come lo fanno del resto di dizionari monolingui per evitare che si facciano errori di tipo *incarici, obbligi, dialogi*), come sulle forme verbali (rinviando il lettore ad elenchi di verbi irregolari).

Pone problema invece la descrizione di parole relazionali, preposizioni e congiunzioni, che sono il cardine sul quale riposano le strutture grammaticali. Anche se occorre sensibilizzare l'utente all'uso delle preposizioni italiane e alla molteplicità di relazioni che esprimono, tale sensibilizzazione non avviene comunque tanto a livello della preposizione stessa (chi, anche in un gruppo principiante, ha mai consultato la voce *a, di, da*?), quanto a livello di strutture, ovvero di lessemi che richiedono l'uso di una preposizione specifica ad esclusione di altre. Citiamo come esempio la relazione locativa di moto a luogo che in polacco viene espressa da una preposizione unica *do*:

MOTO

POLACCO	**ITALIANO**
iść [= andare a piedi]	**andare**
iść ***do*** *restauracji,* ***do*** *kawiarni*	*andare* ***al*** *ristorante,* ***al*** *bar*
do *kina,* ***do*** *teatru,* ***do*** *domu*	***al*** *cinema,* ***a*** *teatro,* ***a*** *casa*
do *łazienki,* ***do*** *łóżka*	***in*** *bagno,* ***in*** *camera,* ***a*** *letto*
do *lekarza,* ***do*** *dentysty*	***dal*** *medico,* ***dal*** *dentista*
jechać [= andare con un mezzo]	**andare**
jechać ***do*** *Rzymu,* ***do*** *Wloch,* ***do*** *Toskanii*	*andare* ***a*** *Roma,* ***in*** *Italia,* ***in*** *Toscana*

Se in polacco il moto a luogo viene espresso in modo pienamente regolare, in italiano questa relazione forma delle strutture semi-fisse, di basso grado di idiomaticità in quanto sono facilmente comprensibili; ciononostante queste strutture risultano difficili a livello di produzione (perché si dice *al bar, al cinema* e *a teatro*? Perché *in bagno* ma *nell'entrata*?) e richiedono da parte dell'utente lo sforzo di memorizzazione. Bisogna quindi tener conto di questi fattori a seconda della lingua di partenza e della lingua di arrivo e considerando ambedue i processi di ricezione e di produzione linguistica, la seconda richiedendo una maggiore capacità rispetto alla prima.

Si deve anche tener presente, soprattutto a livello di dizionari piccoli, destinati a una larga fascia di utenza, della scarsa preparazione grammaticale dell'utente, che spesso non è neanche abituato a consultare un dizionario: in questa prospettiva il dizionario dovrebbe fornire informazioni pratiche in modo amichevole, senza chiedere al lettore una competenza metalinguistica che egli non possiede. Per cui, se l'utente polacco non consulterà la preposizione *a, in* degli esempi precedenti, volendo esprimere il concetto di localizzazione spaziale partirà dalla preposizione polacca che esprime questo concetto:

LOCALIZZAZIONE

na	***su, sopra***
na stole	**sul** tavolo
na ulicy	**per** strada
na placu (manifestacja)	**in** piazza (manifestazione)
na placu (jest przystanek)	**sulla** piazza (c'è una fermata)
na wsi	**in** campagna
na targ (iść)	**al** mercato (andare)

Un'osservazione analoga va fatta per le strutture di alcuni aggettivi e nomi deverbali, nonché di verbi, soprattutto laddove la rezione nelle due lingue non è concorde. Al fine di evitare errori, occorre segnalare nel corpo della voce la struttura richiesta dal lessema.

Aggettivi e participi

odporny ***na*** *zimno*	*resistente* ***al*** *freddo*
ubrany ***na*** *czarno*	*vestito* ***di*** *nero*
zadowolony ***z*** *sukcesu*	*contento* ***del*** *successo*
dumny ***z*** *sukcesu*	*fiero* ***del*** *successo*
pokryty śniegiem (strumentale)	*coperto* ***di*** *neve*

zmęczony sytuacją (strumentale)	*stanco* ***di*** *questa situazione*

Rezione verbale

costringere QU	***zmusić KOGOŚ*** **(acc.)**
CHE + *F che parta*	**żeby** *wyjechał [= affinché]*
A + *V inf.*	*Ø*
A + N deverbale	**DO** + *N deverbale (do wyjazdu)*
aiutare QU	***pomagać KOMUŚ*** **(dativo)**
A *fare QC*	***Prep*** *Ø +(V inf)*
IN *QC*	**W** + SN
ringraziare QU	***dziękować KOMUŚ*** **(dativo)**
CHE + *F*	**że** + *F*
DI + V inf	*Ø*
DI + *N*	**ZA** +SN

La rezione verbale andrebbe specificata in ogni caso in cui potrebbe portare a interferenze, quindi anche in strutture relativamente semplici:

dividere QC IN pezzi	*dzielić* ***COŚ*** *(acc.)* ***NA*** *kawałki*
puzzare DI muffa	*śmierdzieć pleśnią (*strumentale*)*
guardare QU/QC	*patrzeć* **NA** *COŚ /KOGOŚ*

Le congiunzioni

Come le preposizioni e per le stesse ragioni, gli indicatori di collegamento frasale costituiscono un problema metodologico di descrizione; lungi dal dare solo il loro equivalente, del resto spesso problematico, bisogna mostrare il loro funzionamento nella lingua tramite esempi, tenendo conto del fatto che il dizionario non è un manuale di grammatica e non potrà contenere tutte le sfumature di uso. Per cui l'esemplificazione dei connettivi potrà essere corredata da alcune informazioni grammaticali riguardanti l'uso del modo verbale o da altre restrizioni essenziali per distinguere le accezioni:

Quando	**kiedy, gdy, podczas gdy, skoro**	
(temporale)	Quando l'ho visto stava poco bene	kiedy, gdy
(iterativo)	Quando mangia ascolta la radio	podczas gdy

(concessivo)	Guarda la TV quando dovrebbe studiare!	podczas gdy
(causale)	Quando te lo dico io, è proprio così	skoro

Problemi di categorizzazione: tra congiunzione e avverbio

Talvolta l'autore del dizionario dovrà inoltre affrontare il problema di una categorizzazione problematica, specie nel caso delle congiunzioni: anche a livello dei manuali di grammatica, che dispongono a questo effetto di molto più spazio, le congiunzioni subordinative sono generalmente descritte in modo più dettagliato delle coordinative per le quali le grammatiche si limitano ad un elenco delle unità suddivise in classi semantiche (aggiunta, opposizione, alternativa, ecc.), che raggruppano tuttavia elementi sintatticamente e funzionalmente diversi. A maggior ragione questo tipo di difficoltà si manifesta nei dizionari di lingua che non distinguono tra i tipi di congiunzioni; ne conseguono oscillazioni nella classificazione grammaticale tra avverbio e congiunzione: ad esempio il *Vocabolario della lingua italiana* di N. Zingarelli nella sua 12ª edizione (1990) classifica *anche* aggiuntivo come congiunzione, definendolo in termini di *pure*; quest'ultimo, benché spiegato a sua volta con ricorso a *anche* viene tuttavia considerato un avverbio.

A prescindere dal circolo vizioso fatale delle definizioni lessicografiche che spiegano *anche* con *pure* e vice versa, un utente straniero si pone la domanda perché voci di significato identico, usate in contesti analoghi, differiscono nella qualificazione grammaticale.

Per ulteriori esempi attinenti a questo problema rinviamo alla tabella data qui sotto in cui abbiamo riassunto alcune divergenze di categorizzazione grammaticale nei maggiori dizionari italiani pubblicati negli ultimi anni. Esse testimoniano, a nostro parere, che nonostante la cura con cui oggigiorno vengono trattati nei dizionari congiunzioni ed altri connettori,[12] permane una incertezza fondamentale per quanto riguarda i criteri che separano alcune classi di avverbi e congiunzioni. Ne consegue che i limiti tra queste due categorie grammaticali non sono chiari, il che giustificherebbe l'ipotesi di *continuum*

---

[12] Occorre citare innanzitutto il DISC che introduce una categoria grammaticale supplementare, quella di congiunzione testuale, in quanto unità operante non tanto al livello della frase, ma piuttosto al livello del testo.

sintattico,[13] piuttosto che di opposizione, tra le due parti del discorso, *continuum* del quale tuttavia non può tenere conto un lessicografo, costretto ad effettuare una scelta precisa e assegnare il lessema nell'una o l'altra categoria.

Alcune divergenze di categorizzazione tra dizionari[14]

Lessema	**De Mauro**	**DISC**	**Zingarelli**
anche	cong.	avv., cong.test., cong.	cong., avv.
ciò nonostante	loc.cong.	cong.test.	avv.
così	avv.	avv., cong.test., cong.	avv., cong.
dopodiché	cong.	cong.test.	avv.
dopotutto	avv.	cong.test.	avv.
inoltre	avv.	cong.test.	avv.
insomma	avv.	cong.test.	avv.
intanto	avv.	cong.test.	avv.
neanche	avv.	avv., cong.	avv., cong.
nemmeno	avv.	avv., cong.	avv., cong.
neppure	avv.	avv., cong.	avv., cong.
peraltro	avv., cong.	cong.test.	avv.
piuttosto	avv., cong.	avv., cong.test.	avv.

Conclusione:

In conclusione, le parole che nel dizionario sembrano trattate in isolamento, in realtà si riferiscono a una rete sottostante di relazioni:
- semantiche che determinano la ripartizione nelle varie accezioni tra L1 e L2, e
- sintattiche che, qualora divergano, devono essere specificate al fine di bloccare le possibilità di errori di struttura.

Di particolare interesse descrittivo per il lessicografo sono le parole sincategorematiche, preposizioni e congiunzioni che, per la molteplicità delle relazioni che instaurano in confronto alla vaghezza del loro significato relazionale, richiedono spesso una tipologia di usi e una fitta esemplificazione. Ne consegue che è necessario inserire la grammatica in un dizionario, seppur in modi, più o meno espliciti, perché esso possa servire non solo alla comprensione

[13] Sul problema della categorizzazione dei connettori v. E. Jamrozik (2002).

[14] De Mauro = Tullio De Mauro, *Grande Dizionario italiano dell'Uso*, Torino, UTET, 1999; DISC = *Dizionario Italiano Sabatini Coletti*, Firenze, Giunti, 1997; Zingarelli = *Vocabolario della lingua italiana*, di Nicola Zingarelli, 12ª ed., Zanichelli, 1996.

passiva dei testi della L2, ma anche a produrre dei messaggi corretti in questa lingua. Infatti l'interferenza con la lingua madre è fonte di numerosi errori di cui almeno una parte potrebbe essere eliminata a livello del dizionario, a condizione che il lessicografo abbia in mente di confrontare in modo palese i due sistemi linguistici che vi vengono rinchiusi.

Bibliografia

M. APRILE (2005), *Dalle parole ai dizionari*, Bologna, Il Mulino.

M.T. ARBIA (1996), *Valenze verbali*, in "Italiano e Oltre", 1, pp. 50-57.

K. BÜHLER (1934), *Sprachtheorie*, Lucius Verlagsgesellschaft [trad. polacca *Teoria języka*, Kraków, Universitas, 2004].

S. CANTARINI (2004), *Costrutti con verbo supporto. Italiano e tedesco a confronto*, Bologna, Pàtron.

P. CORDIN, M.G. LO DUCA (2003), *Classi di Verbi, Valenze e Dizionari. Esplorazioni e Proposte*, Padova, Unipress.

V. DELLA VALLE (1993), *La lessicografia*, in L. SERIANNI, P. TRIFONE (a cura di), *Storia della lingua italiana. I luoghi della codificazione*, Torino, Einaudi, pp.29-92.

V. DELLA VALLE (2005), *Dizionari italiani: storia, tipi, struttura*, Roma, Carocci.

T. DE MAURO (2005), *La fabbrica delle parole. Il lessico e problemi di lessicologia*, Torino, UTET.

G. GROSS (1990), *Définition des noms composés dans un lexique-grammaire*, in "Langue Française", 87, pp. 19-36.

G. GROSS (1992), *Forme d'un dictionnaire électronique*, in A. CLAS, H. SAFAR (a cura di), *L'environnement traductionnel*, Sillery, Université du Québec, pp. 255-271.

G. GROSS (1994a.), *À quoi sert la notion de partie de discours?*, in L. Basset, M. Pérennec (a cura di), *Les classes de mots. Traditions et perspectives*, Lyon, Presses Universitaires de Lyon, pp. 217-231.

G. GROSS (1994b.), *Classes d'objets et description des verbes*, in "Langages" 115, pp. 15-31.

G. GROSS (1996a), *Les expressions figées en français. Noms composés et autres locutions*, Paris, Ophrys.

G. GROSS (1996b), *Une typologie sémantique des connecteurs: l'exemple de la cause*, in "Studi Italiani di Linguistica Teorica ed Applicata", XXV/1, pp. 153-179.

M. GROSS (1968), *Grammaire transformationnelle du français. Syntaxe du verbe*, Paris, Larousse.

M. GROSS (1968), *Méthodes en syntaxe*, Paris, Hermann.

M. GROSS (1990), *Grammaire transformationnelle du français 3 - Syntaxe de l'adverbe*, Paris, ASSTRIL.

E. JAMROZIK (1992), *La syntaxe et la sémantique des verbes de parole français*, Warszawa, Wyd. Uniw. Warszawskiego.

E. JAMROZIK (2002), *Il collegamento transfrastico in italiano*, Warszawa, Zakłady Graficzne UW.

E. JEŽEK (2003), *Classi di Verbi fra Semantica e Sintassi*, Pisa, Edizioni ETS.

H. LEWICKA, K. BOGACKI (a cura di) (1983), *Dictionnaire sémantique et syntaxique des verbes français*, Warszawa, PWN.

V. LO CASCIO (1997), *Semantica lessicale e i criteri di collocazione nei dizionari bilingui a stampa ed elettronici*, in T. DE MAURO, V. LO CASCIO (a cura di), *Lessico e grammatica. Teorie linguistiche e applicazioni lessicografiche*, Roma, Bulzoni, pp. 63-88.

W. MIODUNKA (1989), *Podstawy leksykologii i leksykografii*, Warszawa, PWN.

T. PIOTROWSKI, (1994), *Z zagadnień leksykografii*, Warszawa, PWN.

T. PIOTROWSKI (2001), *Zrozumieć leksykografię*, Warszawa, PWN.

M. PRANDI, (2004), *The Building Blocks of Meaning*, Amsterdam-Philadelphia, J. Benjamins.

M. PRANDI (2006), *Le regole e le scelte. Introduzione alla grammatica italiana*, Torino, UTET.

M. PRANDI, G. GROSS, C. DE SANTIS (2005), *La finalità. Strutture concettuali e forme d'espressione in italiano*, Firenze, Olschki.

A. PUGLIELLI (1997), *Quale e quanta grammatica in un dizionario*, in T. DE MAURO, V. LO CASCIO (a cura di), *Lessico e grammatica*... cit., pp. 91-111.

L. RENZI, A. ELIA (1997), *Per un vocabolario delle reggenze*, in: T. DE MAURO, V. LO CASCIO (a cura di), *Lessico e grammatica*... cit., pp. 113-129.

R. SIMONE (1997), *Esistono verbi sintagmatici in italiano?*, in: T. DE MAURO, V. LO CASCIO (a cura di), *Lessico e grammatica*... cit., pp. 155-169.

P. STALMASZCZYK (2006), *Koncepcje 'języka' i 'gramatyki' w gramatyce generatywnej i semantyce pojęciowej*, in ID. (a cura di), *Metodologie językoznawstwa. Podstawy teoretyczne*, Łódź, Wyd. Uniw. Łódzkiego, pp. 74-90.

I. SZYMAŃSKA, G. ŚPIEWAK (2005), *Gramatyka konstrukcji – założenia teoretyczne i pytania metodologiczne*, in P. STALMASZCZYK (2006), pp. 174-193.

L. TESNIERE (1959), *Eléments de Syntaxe Structurale*, Paris, C. Klincksieck.

G. VETULANI (2000), *Rzeczowniki predykatywne języka polskiego. W kierunku syntaktycznego słownika rzeczowników predykatywnych*, Poznań, Wyd. Naukowe UAM.

S. VIETRI (2004), *Lessico-grammatica dell'italiano. Metodi, descrizioni e applicazioni*, Torino, UTET.

P. ŻMIGRODZKI (2005), *Wprowadzenie do leksykografii polskiej*, Katowice, Wyd. Uniwersytetu Śląskiego.

Dizionari

H. CIEŚLA et al. (2001-), *Wielki Słownik włosko-polski,* t. I: *A-E* (a cura di H. CIEŚLA, E. JAMROZIK, R. KŁOS (2001)); t. II: *F-O* (a cura di H. CIEŚLA, E. JAMROZIK, R. KŁOS (2002)); t. III: *P-Sezzo*, (a cura di H. CIEŚLA, E. JAMROZIK, J. SIKORA-PENAZZI (2006)), Warszawa, Wiedza Powszechna.

E. JAMROZIK (2000), *Mini-słownik włosko-polski polsko-włoski*, Warszawa, Wydawnictwo Naukowe PWN.

Jane Nystedt
(Stockholms Universitet)

Dizionario senza frontiere: Un dizionario italiano-svedese interattivo in rete. Il vocabolario italiano in chiave contrastiva[15]

Introduzione

L'interesse per l'Italia e per la lingua italiana è in costante aumento in Svezia, come l'interesse per la Svezia in Italia. Di conseguenza, la ricerca sull'apprendimento delle lingue è da alcuni anni un campo importante per l'italianistica in Svezia. D'altra parte l'apprendimento del lessico è una parte della ricerca per la quale finora l'interesse è stato relativamente scarso. Per questo il nostro intento alla sezione d'italianistica dell'Università di Stoccolma è di iniziare un progetto sul vocabolario italiano in prospettiva contrastiva. Il lessico è interessante dal punto di vista sia acquisizionale che sociolinguistico, nonché semantico e lessicografico.

L'attuale offerta di dizionari che colleghino italiano e svedese non è soddisfacente – l'unico dizionario bilingue è del 1994 (Norstedts 1994), già basato su un'edizione anteriore, addirittura del 1973. Varie versioni di questo dizionario sono state pubblicate anche in Italia, ma si basano tutte sulla stessa fonte.

Tramite il nostro progetto possiamo, oltre a provvedere a un miglioramento in merito, aumentare la conoscenza in Svezia sull'italiano moderno e sulla sua relazione col lessico svedese. D'altronde, come sappiamo, ci sono grandi differenze tra le lingue per quanto riguarda i livelli stilistici, e l'equivalenza tra le parole di diverse lingue è spesso parziale. Vogliamo individuare alcune di queste differenze (ma anche somiglianze) tra l'italiano e lo svedese, a livello di

[15] Progetto di ricerca della Sezione d'Italianistica del Dipartimento di francese, italiano e lingue classiche, Università di Stoccolma: www.fraita.su.se/lexikonprojektet.

parola, di collocazione e di morfologia. Studieremo inoltre diversi tipi di equivalenza tra l'italiano e lo svedese.

Nella prefazione del dizionario esistente gli autori dicono che l'obiettivo della parte italiano-svedese è in primo luogo di "aiutare l'utente a *comprendere* l'italiano scritto e parlato" e che perciò nel dizionario è stata presa in considerazione anche la lingua dei secoli scorsi; si afferma inoltre che la parte svedese-italiano mira ad essere "uno strumento per poter comunicare con persone di lingua italiana" e che "l'utente avrà il massimo aiuto per scegliere la traduzione giusta". Nell'introduzione si osserva che il dizionario vuole "dare un'immagine della viva lingua italiana quale si è sviluppata dal latino volgare [...] fino alle esigenze dei tempi attuali per quanto riguarda nuove espressioni per nuovi fatti e nuove circostanze" entro lo spazio disponibile. Noi consideriamo tuttavia il detto spazio insoddisfacente e quindi il contenuto inadeguato perché il dizionario possa essere all'altezza degli obiettivi stipulati. Le due lingue, e soprattutto l'italiano, hanno, negli ultimi decenni, subito un tale sviluppo, che il dizionario esistente non è più sufficiente, nemmeno per apprendenti iniziali, cosa che viene provata già nelle tesine scritte nell'ambito del progetto intrapreso al nostro dipartimento. Un'indagine molto preliminare tra i nostri studenti d'italiano dimostra che spesso non trovano ciò che cercano, soprattutto nell'ambito di espressioni idiomatiche, costrutti e varianti.

Per poter rimediare all'attuale situazione insoddisfacente, abbiamo iniziato un progetto che ha due scopi globali:

- *il primo* è di aumentare la conoscenza del lessico italiano moderno in Svezia, sia negli aspetti formali e semantico-pragmatici sia nella sua relazione con il vocabolario svedese;
- *il secondo* è di creare un dizionario, in questa fase iniziale, italiano-svedese, interattivo e liberamente consultabile in rete, costruito secondo criteri linguistici scientifici e sviluppando nuove idee e nuove tecnologie.

Lo studio

Si ritiene di solito che chi produce testi in una lingua straniera deve, sin dall'inizio, utilizzare dizionari monolingui (Bornäs 2000, Lepschy 2006). Le esperienze dimostrano tuttavia che apprendenti sia principianti che avanzati – e anche altri utenti – hanno bisogno di un buon dizionario bilingue, ricco e con possibilità di controllare significato, ortografia, equivalenze, sinonimi, antonimi ecc. (Marello 1987, Svensén 2004).

Con le possibilità che offrono appunto le nuove tecnologie non esistono più le limitazioni di prima e il dizionario bilingue può essere adattato alle necessità dell'utente. Ricche informazioni enciclopediche possono essere abbinate alle norme date dalla grammatica e dalla stilistica. Un dizionario tradizionale, a stampa, non può naturalmente mai essere redditizio, soprattutto per una coppia di lingue come la nostra: italiano-svedese. Neanche una versione elettronica lo può essere ma come è pensato il dizionario dell'attuale progetto, liberamente consultabile in rete, sarà sociolinguisticamente interessante in quanto, con utenti sia italiani che svedesi, costituirà un ponte tra le nostre lingue e le nostre culture.

Inoltre – e questo è davvero importante – il progetto offrirà ricche possibilità di studi sistematici sui nostri due sistemi linguistici. Come speriamo, il nostro progetto avrà come risultato un prodotto consultabile non soltanto da studenti e altri utenti professionisti ma anche da un pubblico generale, interessato alle lingue, un pubblico che forse altrimenti non sarebbe disposto ad accollarsi la spesa di un dizionario.

Prendiamo spunto da *Il dizionario della lingua italiana* di De Mauro (2000), dove le marche d'uso e le classificazioni costituiscono elementi fondamentali per il nostro modo di pensare il contenuto del 'nostro' dizionario (e non penso che occorra sottolineare l'estrema utilità, ricchezza e novità che questi rappresentano). Le marche d'uso sono naturalmente di massimo valore per gli utenti L2, soprattutto per apprendenti, insegnanti, professionisti ecc. Costituiscono anche una guida allo scegliere le parole da includere nel nostro dizionario e in quali frasi inserirle. In modo particolare sono i 7000 vocaboli del *vocabolario di base*, quelli, secondo De Mauro (2000: VIII), più importanti da imparare quando vogliamo apprendere un'altra lingua, quelli dei quali abbiamo bisogno per spiegare e comprendere il significato di tutte le altre parole della lingua, per adoperarle in modo corretto e in contesti appropriati. Con il nostro progetto vogliamo tra l'altro scoprire se classificazioni simili a quelle di De Mauro sono state fatte anche per lo svedese e, in tal caso, quale sia la loro corrispondenza con quelle italiane. Discuteremo poi i vari livelli di stile dell'italiano per paragonarli ai corrispondenti svedesi, studiando per esempio lo slang italiano e l'eventuale corrispondente in svedese. Metteremo in evidenza i settori del lessico in cui l'italiano parlato in Svizzera si distingue da quello parlato in Italia, proprio come lo svedese parlato in Finlandia si distingue dallo svedese parlato in Svezia. Gli esempi devono essere moltissimi, soprattutto di collocazioni e contesti, per una comprensione e un uso corretto delle due lingue. Considerando quanto dice l'introduzione all'esistente dizionario italiano-svedese, vi ci sono numerosi vuoti, anche in relazione al vocabolario di base, appunto le parole di cui gli apprendenti hanno più bisogno.

Oltre alla suddivisione delle parole fatta da De Mauro nel *Vocabolario di Base* (De Mauro 2003), considereremo altre liste di frequenza che si basano sia sulla produzione scritta che sull'italiano parlato. Ricollegandoci anche al "Framework" del Comitato d'Europa (Vedovelli 2003), può essere interessante appunto paragonare la frequenza delle parole nell'italiano e nello svedese ed esaminare quale ruolo ha la frequenza nell'apprendimento di una parola. In alcuni casi limiteremo lo studio delle parole ad alcuni campi semantici, per esempio i colori, le parentele, flora e fauna eccetera, ma saranno anche esaminati campi semantici legati alla società e alle istituzioni.

La prima tappa del dizionario riguarda le circa 2000 parole della fascia *Fondamentale* del vocabolario di base, le parole più frequenti in assoluto, e le loro equivalenze in svedese a livelli diversi e in strutture diverse. Partendo da quanto scrive Atkins (2002) e altri riguardo al necessario aumento dell'*userfriendliness* in nuovi dizionari, vogliamo costruire un modello per un dizionario aperto e liberamente consultabile, allargabile e aggiornabile in rete. Le parole della fascia fondamentale, quelle più frequenti, sono anche spesso quelle che comportano più difficoltà nella traduzione, date le loro strutture complesse, e quindi proprio le più importanti sia per apprendenti sia per utenti avanzati.

Alcune cose fondamentali da considerare e studiare per un nuovo dizionario sono per es. i grandi cambiamenti avvenuti nelle nostre due lingue, le frequenze nelle due lingue e la loro importanza per l'acquisizione della lingua. Come si comportano, strutturalmente, le parole più frequenti nelle due lingue, nella struttura, nell'uso, nei costrutti grammaticali? Come vengono strutturati fenomeni quali collocazioni e espressioni idiomatiche nelle due lingue e come devono essere presentati? (Svensén 2004, De Mauro 1999, Hanks 2004, Nuccorini 1999, ed altri). A quali associazioni pragmatiche danno origine nelle rispettive lingue? Come si formano i verbi sintagmatici in italiano e in svedese? Quali differenze ci sono a livello lessicale e morfologico tra l'italiano parlato in Italia e quello parlato in Svizzera? E quali sono le differenze relative allo svedese parlato in Svezia e in Finlandia? E quali differenze prendere in considerazione per i vari utenti?

Il dizionario senza frontiere sarà liberamente consultabile man mano che si allarga. In questa parte, per la quale abbiamo chiesto il finanziamento, sarà dall'italiano in svedese, ma per il futuro è pensato come bi-direzionale e quindi con utenti sia di lingua italiana che di lingua svedese (Atkins 2002, Svensén 2004).

Come dimostrano varie indagini (Marello 1987, Atkins 2002), ci vogliono più esempi e varianti nei dizionari moderni; nello stesso tempo però, si determinano vari problemi se l'informazione diventa troppo ricca; l'utente in generale si stanca prima di arrivare all'informazione cercata e ha, molte volte, conoscenze insufficienti per scegliere la variante giusta. D'altra parte, il dizionario deve fornire l'uso corretto delle singole varianti come anche indicazioni normative. Noi vediamo la soluzione a questo dilemma nell'uso di nuova tecnologia e, in una prospettiva più lunga, la possibilità di scegliere il livello di informazione desiderato, da quello più basale, traduzione parola-per-parola, a quello più avanzato, con informazione semantica, grammaticale e pragmatica, con informazione enciclopedica e possibilità di *links* a diversi corpora in rete.

Il programma computazionale avrà un *file* utile per uso pedagogico dove vengono notate le parole più spesso cercate, e gli eventuali errori,. Un tale file fa inoltre vedere eventuali *lexical gaps* (Bentivoglio & Pianta 2000) e potrà costituire un punto di partenza per indagini sull'uso del dizionario e su come gli utenti/apprendenti imparano dai propri errori (Bergenholtz 2005). Ci sarà anche la possibilità per gli utenti di fare commenti e proposte – in un file separato, non nel dizionario vero e proprio, ovviamente.

In una seconda fase è certamente auspicabile allargare il dizionario, sempre secondo criteri ben elaborati. A quel punto, il dizionario sarà veramente "senza frontiere", anche per quanto riguarda la quantità delle parole. Quando il dizionario sarà bi-direzionale, si potrà cercare partendo da tutte e due le lingue; a quel punto tutta la meta-informazione esisterà nelle due lingue e il dizionario potrà essere sia di ricezione che di produzione, e per parlanti sia d'italiano che di svedese.

In aggiunta, la fattibilità del nostro progetto viene rinforzata tramite la nuovissima collaborazione, per ora preliminare ma molto promettente, tra il progetto di Stoccolma e il Centri Friûl Lenge 2000 con il loro GDB-TF, il *Grant Dizionari Bilengâl Talian Furlan.* Dobbiamo il rapporto a Tullio De Mauro e Silvana Ferreri, che hanno incoraggiato le due parti a prendere e poi approfondire i contatti, per esplorare la possibilità di collaborazione. Abbiamo scoperto che le nostre intenzioni per un dizionario, diciamo ideale, e i nostri punti di partenza sono davvero simili. Il GDB-TF è già a un punto molto avanzato per il loro lavoro e il loro prodotto, costituito per due lingue, sì, ma per utenti già bilingui. Noi invece miriamo a un dizionario bilingue da un punto di vista diverso, rivolgendoci a parlanti monolingui, svedesi, spesso apprendenti d'italiano L2, e abbiamo perciò esigenze a volte diverse da quelle friulane. Con queste esigenze e con le nostre idee, molte delle quali indipendenti da quelle del GDB, possiamo anche da parte nostra contribuire a un obbiettivo comune, vale a dire: tramite la realizzazione di un dizionario italiano-svedese, arrivare alla creazione di un modello generico per un dizionario bilingue. - Prendiamo come un buon auspicio il fatto che il logo del GDB ha i colori blu e giallo: gli stessi della bandiera svedese!

Utopia? Ci auguriamo di no, ricordando le parole di De Schryver (2003:157): "Internet dictionaries are the only ones that have the potential of being used by anyone in the world for free". Speriamo che anche eventuali finanziatori abbiano una tale consapevolezza, e che a loro volta con il proprio logo vogliano figurare sul nostro sito del dizionario!

Riferimenti biliografici

B. S. T. ATKINS (2002), *Bilingual dictionaries: past, present and future*, in M.-H. CORRÉARD (a cura di), *Lexicography and Natural Language Processing. A Festschrift in Honour of B.S.T. Atkins*, Euralex 2002.

L. BENTIVOGLI & E. PIANTA (2000), *Looking for lexical gaps*, in *Proceedings of the Ninth Euralex International Congress. Euralex2000,* Stuttgart, Euralex.

H. BERGENHOLTZ (2005), *Den usynlige elektroniske productions- og korrekturordbog.* in "*LexicoNordica*", 12.

G. BORNÄS (2000), *Ett franskt lexikonpaket från Norstedts*, in "*LexicoNordica*", 7, pp. 223-238.

T. DE MAURO (1999), *GRADIT – Grande Dizionario Italiano dell'Uso*, Torino, UTET, vol. I: *Introduzione*, e vol. VI: *Postfazione*.

T. DE MAURO (2000), *Il dizionario della lingua italiana*, Torino, Paravia, *Introduzione*.

T. DE MAURO (2003) [1980], *Guida all'uso delle parole: parlare e scrivere semplice e preciso per capire e farsi capire*, Roma, Editori Riuniti.

G.-M. DE SCHRYVER (2003), *Lexicographers' dreams in the electronic-dictionary age*, in "International Journal of Lexicography", 16/2.

P. HANKS (2004), *The syntagmatics of metaphor and idiom*, in "International Journal of Lexicography", 17/3.

G. LEPSCHY (2006), *What are we looking for in a dictionary? What do we find in a dictionary?*, in C. BARDEL, & J. NYSTEDT (a cura di) 2006, *Progetto dizionario italiano-svedese.* Atti del Primo Colloquio, Stoccolma, 10-12 febbraio 2005, Stoccolma, Almqvist & Wiksell.

C. MARELLO (2004), *Lexicography in Italy: Specific themes and trends*, in "International Journal of Lexicography", 17/4.

Norstedts svensk-italiensk-svenska ordbok, Stockholm, Norstedts, 1994.

S. NUCCORINI (1999), *On the contrastive analysis of English and Italian collocations: problematic issues*, in "Linguistica e filologia", 10.

B. SVENSÉN (2004) [1987], *Handbok i lexikografi. Ordböcker och ordboksarbete i teori och praktik*, Stockholm, Norstedts Akademiska Förlag.

M. VEDOVELLI (2003), *Guida all'italiano per gli stranieri. La prospettiva del Quadro comune europeo per le lingue*, Roma, Carocci.

Serge Vanvolsem
(K.U.Leuven)

L'importanza della grammatica per il dizionario bilingue: il nuovo *Grande dizionario elettronico Italiano-Neerlandese, Neerlandese-Italiano*

Un po' di storia

Il numero di dizionari bilingui italiano-neerlandese, neerlandese-italiano, malgrado secoli di rapporti commerciali, artistici ed altri, non è molto elevato e bisogna aspettare addirittura fino al 1710 per vedere pubblicato ad Amsterdam il primo *Grande Dittionario Italiano et Hollandese, come pure Hollandese et Italiano* di Mosé Giron.[16] All'epoca la sintassi era quasi assente dai vocabolari bilingui, anche se Giron prometteva già sul frontespizio di delucidare tutti i nomi e i verbi non solo secondo il loro significato e natura, ma anche secondo l'*uso* con cui "vengono adoperati dai megliori scrittori".[17] L'Otto e il Novecento non sono stati molto più produttivi in materia di dizionari bilingui e il ventesimo secolo è stato dominato quasi interamente dall'*Italiaans Handwoordenboek* di Beniamino Dentici, un vocabolario che risale alla seconda metà degli anni '20, aggiornato negli anni '50, e, per il volume italiano-neerlandese, anche negli anni '60.[18] Intere generazioni di lettori neerlandofoni (e ovviamente anche italiani), di traduttori o di interpreti sono quindi state formate con un dizionario forse soddisfacente quando era apparso, ma diventato, nella seconda metà del secolo, incredibilmente invecchiato, lacunoso, e pur sempre pieno di errori anche dopo

[16] Il *Dittionario* è già stato argomento di due tesi di laurea, svolte sotto la mia direzione: L. Verdru, *Il 'Grande Dittionario' di Moses Giron. Uno studio del primo dizionario bilingue Italiano-Neerlandese/ Neerlandese-Italiano* (giugno 2003), e M. D'hoedt, *Mosè Giron: 'Nieuwe Italiaanse Spraakkonst'. Analisi della fonetica e dell'articolo* (giugno 2005).

[17] Dopo il titolo *Il Grande Dittionario* Giron precisa "Contenente tutti li Nomi, verbi &c, come pure tutti li buoni Proverbii accuratamente spiegati, e dilucidati nella guisa, che, secondo il loro differente significato, natura, & uso, vengono adoperati dai megliori scrittori". Solo per i verbi Giron dà, qualche volta, all'inizio del lemma un'indicazione sulla valenza: *abbajar'ad uno, abbandonar'uno, cacar'addosso a qualche cosa*...

[18] La prima edizione risale al 1926-1928, la seconda è del 1946-1955. Solo il volume italiano-neerlandese è stato rielaborato nel 1964.

la terza revisione. Basta pensare al fatto che solo nella terza revisione del 1964 della parte italiano-neerlandese si era rinunciato al *voi* di cortesia, perché la seconda, uscita nel '46 subito dopo la guerra, l'aveva ancora conservato "secondo l'uso in Italia fino al 1945".[19] Non erano nemmeno rare le contraddizioni fra i due volumi, specie nell'ambito delle lingue settoriali.[20] Naturalmente sempre meglio di nulla, perché essendo i volumi esauriti e diventati pezzi d'antiquariato sin dalla seconda metà degli anni '70, l'ultima generazione di italianisti e di traduttori è stata addirittura privata dell'uso di un buon vocabolario bilingue e costretta a servirsi di volumi più ridotti, spesso tascabili.

La situazione oggi

Solo in anni recenti la situazione è stata cambiata, e, grazie a due vocabolari, in parte legati fra di loro ed in parte indipendenti, frutto di quasi quindici anni di lavoro da parte di Vincenzo Lo Cascio, anche la nostra lingua ha fatto il suo ingresso nell'era della lessicografia moderna. Nel 2001 sono stati pubblicati nella collana degli *Handwoordenboeken* dell'editore Van Dale i due volumi del *Dizionario Italiano-Neerlandese e Neerlandese-Italiano*, e il 14 marzo del 2006 è stato presentato ad Amsterdam il nuovo *Grande dizionario elettronico Italiano-Neerlandese // Neerlandese-Italiano*, su Cd-rom. Non parlerò direttamente del primo, perché a suo tempo è stato ampiamente recensito, e non

---

[19] Il volume neerlandese-italiano aveva rinunciato al *voi* di cortesia nella seconda revisione, uscita nel 1955, e aveva commentato la decisione come segue nella prefazione: "In het Ital.-Nederl. deel is de "voi"vorm het meest gebruikt (overeenkomstig het gebruik in Italië tot 1945), in dit gedeelte echter komt de "Lei" vorm weer het meeste voor, zoals nu algemeen gebruikelijk is" [Nella parte It.-Neerl. è stata usata di più la forma "voi" (secondo l'uso in Italia fino al 1945), in questa parte, invece, la forma più frequente è "Lei", secondo l'uso generale ora].

[20] Il *luì*, un uccellino del genere *Filloscopo*, viene tradotto con *winterkoninkje*, che in realtà appartiene alla famiglia dei *Trogloditidi*; i termini corretti in neerlandese sono *fluiter* o *boszanger* (ne esistono diverse specie). Come traduzione di *winterkoninkje* troviamo, oltre all'erroneo *luì*, anche *re di siepe* e *re di macchia* (che in realtà sono delle circonlocuzioni popolari; il Sabatini-Coletti segnala anche *foramacchie* e *forasiepe*), e soltanto al quarto posto il termine corretto *scricciolo*. Il rapace *albanella* (*circus*, con più sottospecie) non va tradotto con *boomvalk*, ma con *kiekendief*. *Boomvalk* (*falco subbuteo*) è tradotto con la circonlocuzione *falco da uccelli*, allorché esiste il più comune *lodolaio*, che però manca nel volume italiano-neerlandese.

sono mancate nemmeno le critiche, anche mie:[21] si sono criticati gli errori, le lacune, le incoerenze e le contraddizioni fra i due volumi -ahimè anche qui!-, ma tutto sommato questi errori non sono né più né meno numerosi che in altre imprese lessicografiche nuove di quest'ampiezza.

Nell'introduzione ai volumi a stampa nel 2001 Lo Cascio aveva spiegato la preferenza per il termine *neerlandese*, rispetto a *nederlandese* o *olandese*, per designare la nostra lingua; era una scelta giustissima, e il termine è stato ripreso anche questa volta per il dizionario elettronico, ma come traduzione del lemma *Nederlands* si dà in primo luogo *nederlandese*, poi *neerlandese* (ma solo come sostantivo, nel lemma dell'aggettivo non appare!), ed in seguito, come traduzione secondaria, *olandese*. Gli esempi, però, hanno tutti solo quest'ultimo termine: *non è olandese* e, più sorprendente ancora, per designare la lingua colta, *olandese standard*. Da un punto di vista linguistico, è un po', *mutatis mutandis*, come definire l'italiano come *toscano standard*! Alla voce *Nederlandstalig* si ha solo *nederlandofono* e *di lingua olandese*, e l'esempio *zij is Nederlandstalig* viene tradotto con *è di lingua olandese*.[22]

La casa editrice Van Dale, nota soprattutto per la pubblicazione del vocabolario standard della lingua neerlandese,[23] aveva deciso di inserire il dizionario di Lo Cascio nella collana degli *Handwoordenboeken*, un concetto che nel proprio dizionario Lo Cascio traduce, un po' infelicemente, con 'dizionario tascabile', ma che preferirei chiamare 'edizione minore'. Infatti, per l'inglese, il francese e il tedesco, e recentemente anche per lo spagnolo, la casa editrice distingue fra due tipi di dizionari bilingui: le edizioni maggiori, chiamate *Groot woordenboek* (cioè 'Grande dizionario'), e le edizioni minori, chiamate *Handwoordenboeken*. Queste ultime, di formato alquanto più piccolo (15x21cm), contengono meno lemmi, ma con oltre mille pagine per ogni volume

[21] Ho presentato ampiamente il dizionario in una conferenza fatta all'incontro annuale dei romanisti e italianisti laureati nella nostra università (27 nov. 2001).

[22] Cfr. la mia analisi storica e diacronica di questi termini: *Neerlandese o nederlandese, what's in a Name?* (Vanvolsem 1999). In Italia, dove i volumi sono distribuiti da Zanichelli, il dizionario porta giustamente come titolo *Dizionario Italiano-Neerlandese* e *Dizionario Neerlandese-Italiano*.

[23] *Groot woordenboek van de Nederlandse taal*, Utrecht, Van Dale Lexicografie, 2005[14] (3voll. + Cd-rom).

si possono difficilmente considerare tascabili.[24] La distinzione non è irrilevante, perché Lo Cascio aveva sperato, sin dall'inizio, di poter fare subito anche per l'italiano un grande dizionario, e con quest'intento aveva iniziato un'ampia banca dati. Van Dale non ne volle sapere, ed è un Lo Cascio alquanto amareggiato che scrive, nell'introduzione ai volumi cartacei: "I due dizionari a stampa, quello Italiano-Neerlandese e quello Neerlandese-Italiano, sono stati estratti da una banca dati molto più vasta contenente più lemmi, locuzioni, collocazioni, frasi idiomatiche, esempi" (2001b: XI). Nella sua lezione di commiato, nel mese di marzo dello stesso 2001, quando i volumi non erano ancora disponibili, era stato molto più esplicito: "Una versione a stampa di un dizionario ha troppo poco spazio. Per questo è stato distinto nel progetto ciò che certamente deve essere stampato e ciò che potrà essere aggiunto nella versione elettronica. Ci sono più di 50.000 esempi e più di 20.000 lemmi che non figurano nella versione cartacea ma che possono essere utilizzati per quella elettronica e molti traduttori ed utenti vorranno disporre in un futuro anche di queste informazioni" (Lo Cascio 2001a: 34-5). Aveva anche dichiarato la sua intenzione di andare avanti con la ricerca per pubblicare una versione elettronica: "Ma il dizionario attualmente non è completo a causa della mancanza di tempo, di spazio e di fondi. Desidero però estenderlo per la versione elettronica, che spero di realizzare abbastanza presto! Ogni utente e ogni studioso della lingua vorrebbe ancora più esempi, informazioni più sistematiche e complete. Ciò è possibile in una versione elettronica. E si tratta di informazioni importanti perché è proprio la combinazione delle parole che evidenzia la differenza tra le due lingue" (2001a: 34).

Il Grande dizionario elettronico

Quest'ampia parte introduttiva era necessaria per spiegare bene la posizione di questo nuovo dizionario nell'insieme dei nostri dizionari bilingui e in particolare nei confronti del *Dizionario* del 2001. Non voglio fare qui un'analisi

[24] La Casa editrice Van Dale, del resto, ha anche una collana di vocabolari tascabili, ma li chiama, con un mezzo anglicismo, *pocketwoordenboeken*. Quando nel 2001 era stato pubblicato il vocabolario italiano-neerlandese, anche lo spagnolo aveva solo un'edizione minore, paragonabile a quella italiana, ma nel 2003 è uscita anche l'edizione maggiore del vocabolario spagnolo-neerlandese.

completa del nuovo vocabolario, né studiare sistematicamente le differenze e gli eventuali progressi rispetto all'esemplare cartaceo; in quanto segue vorrei soffermarmi soprattutto sugli *aspetti grammaticali*, che mi pare occupino uno spazio sempre maggiore nei vocabolari, anche in quelli monolingui. Lo considero uno sviluppo logico, indispensabile, e molto positivo. Ormai la lessicografia padroneggia relativamente bene gli schemi tradizionali dei lemmi (in cui l'italiano, con il *Vocabolario degli Accademici della Crusca* del 1612, vanta giustamente un primato europeo assoluto), e gli elementi di base si ritrovano quasi identici in tutti quanti i vocabolari. La concorrenza si svolge pertanto su altri piani:

- una tipografia e un *layout* sempre più pratici ed attraenti: con colori, con strutture, lettere e parole variamente evidenziate, e naturalmente una versione su cd-rom;[25]
- la completezza e l'aggiornamento del vocabolario: un argomento di vendita su cui ci sarebbe molto da dire, e che è naturalmente cruciale, specie per un dizionario bilingue italiano, dato che la lingua cresce con una media di quasi una parola e mezzo al giorno;[26]
- l'accuratezza della descrizione dei lemmi, sia la descrizione semantica sia la descrizione degli usi, l'inserimento sintagmatico del vocabolo nella catena parlata o scritta e tutte le informazioni grammaticali e sintattiche che lo rendono possibile;

---

[25] Anche il volume entra in ballo: ogni revisione aggiunge qualche centinaio di parole nuove, e quindi tante pagine, praticamente senza togliere nulla, ma ormai si è arrivati al massimo di quanto può contenere un volume. La carta utilizzata è già molto sottile e ridurre ulteriormente i caratteri rischia di pregiudicare la leggibilità, ma, per motivi di praticità, si esita sempre di fronte all'idea di dividere il materiale in due volumi. Ci aveva provato nel 1982 l'editore Curcio (Roma), per il *Nuovissimo dizionario della lingua italiana* di Maurizio Dardano, ma con il *Nuovissimo Dardano. Dizionario della lingua italiana*, nel 1987, gli editori Curcio e Thema (Bologna) erano tornati alla stampa in un solo volume.

[26] In genere i vocabolari procedono ad una revisione più o meno ogni quindici-vent'anni, ma questo periodo tende ad essere accorciato. Lo *Zingarelli*, com'è noto, senza procedere ad una sostanziale revisione integra annualmente il proprio vocabolario con cinque-seicento parole o accezioni nuove. Nel 2000 avevo studiato il *tasso di crescita* dei lessici italiani, basandomi sulle edizioni o revisioni di sei vocabolari d'uso comune: *De Felice-Duro*, *Devoto-Oli*, *Garzanti*, *Palazzi-Folena*, *Sabatini-Coletti* e *Zingarelli*. In base a questi calcoli si può affermare che, nell'ultimo ventennio del secolo, il lessico italiano era cresciuto con un tasso medio di 1,42 parole al giorno (Vanvolsem 2000: 34). Le recenti revisioni di alcuni vocabolari non hanno cambiato sostanzialmente queste cifre.

- il prezzo, sia il prezzo assoluto (costa più o meno del concorrente), sia il rapporto prezzo-qualità!

Oggi si insiste sempre più sulla necessità di avere nel vocabolario un certo numero di elementi grammaticali: trovo abbastanza sintomatico che ben tre delle undici relazioni di questa giornata siano dedicate ai problemi di grammatica. Nel *Grande dizionario elettronico* la grammatica si situa a tre livelli: la presenza effettiva nel dizionario di due grammatiche, una italiana e una neerlandese; le informazioni grammaticali di base presenti ormai in quasi tutti i vocabolari; e le indicazioni dirette ed indirette sulle valenze o le collocazioni inserite negli esempi e nella parte fraseologica. Non mi soffermerò sul primo aspetto: si tratta di due grammatiche concise che spiegano la morfologia di base e le strutture elementari delle due lingue; la grammatica neerlandese è stata scritta in italiano e vi si accede quando si entra nella parte italiana; quella italiana è in neerlandese ed è accessibile dalla parte neerlandese, perché si suppone che l'utente di un vocabolario bilingue cerchi sempre delle informazioni sull'altra lingua. La presenza di una grammatica alla fine del vocabolario è molto pratica e naturalmente non è una prerogativa del dizionario elettronico; per l'italiano ne abbiamo già un esempio sin dal primo vocabolario, il già citato *Grande Dittionario* di Giron.[27]

Le informazioni grammaticali tradizionali sono abbastanza complete: oltre alla classe grammaticale delle parole, vengono dati, per i sostantivi il genere e il plurale,[28] la sillabazione e l'accento tonico (con un accento grafico in italiano, con un trattino sotto la vocale accentata in neerlandese);[29] per i verbi si dà naturalmente l'ausiliare per i tempi composti, e la precisazione se si tratti di un verbo transitivo, intransitivo, riflessivo o pronominale. Non vengono date le

[27] La grammatica nel *Grande Dittionario* è una ripresa letterale dell'*Italiaanse Sraakmeester* di B. Moretti, una grammatica bilingue, neerlandese e francese, stampata a Leida nel 1705, che a sua volta sfrutta e copia ampiamente il popolare *Maître italien* di Jean Vigneron (1ª edizione 1678) (cfr. Vanvolsem, *I primi manuali*... (in stampa)).

[28] Per gli aggettivi italiani vengono anche date sistematicamente le forme del singolare e del plurale femminile.

[29] Non ci sono, però, altre indicazioni di pronuncia, p.es., sul come accentare le forme verbali - non viene nemmeno indicata la sillaba tonica della prima persona, così utile per dedurre la maggior parte degli altri accenti (cfr. *àbito*, *telèfono*...) -; sul come pronunciare le parole straniere, o sulla diversa pronuncia della *j* iniziale in *jodel* o *juventino* rispetto a *jet set*, *jersey*, *job*, *jumbo*...

forme irregolari, perché con solo uno o due clic si può accedere all'intera coniugazione di un verbo. Un vantaggio di questa registrazione delle coniugazioni complete è che si può interrogare il dizionario anche partendo dalle forme flessive: quindi chi incontra, p. es., in un testo letterario, una forma meno frequente come *morse* o *nacquero*, verrà automaticamente rimandato agli infiniti rispettivi: *mordere* e *nascere*. Devo subito segnalare, però, una prima stranezza: da questa posizione si ha accesso solo al verbo di partenza, non alla sua traduzione, il che mi sembra poco logico. Il fiammingo che cerca come tradurre *kiezen*, probabilmente non è molto interessato alla coniugazione di questo verbo, ma può avere bisogno di quella di *scegliere*. Queste manipolazioni supplementari sono superflue nel caso dei verbi regolari, ma l'utente straniero naturalmente non sa *a priori* di quali verbi si tratti: ci vorrebbe quindi un accenno all'irregolarità dei verbi in questione per invitare l'utente a ricorrere più sistematicamente alle tabelle delle coniugazioni. Partendo da un verbo neerlandese, si ha quindi accesso alla grammatica italiana (scritta in neerlandese), ma non alla coniugazione dei verbi italiani! Per i verbi neerlandesi una crocetta dopo l'indicazione dell'ausiliare significa che il verbo è separabile; infatti alcuni verbi nostri sono forme composte con una parola appartenente ad altra categoria grammaticale: *meespelen*, *aanbieden*, *thuiskomen*, *vooroverbuigen*. Nelle forme finite questo prefisso si mette dopo la radice, talvolta anche ad una certa distanza (*ik speel gaarne mee*, *ik bied hem veel geld aan*,...), ma per gli stranieri è sempre difficile sapere quali verbi siano separabili e quali no. Anche qui, però, vale la stessa osservazione: sarebbe utile avere queste informazioni non tanto quando si parte da un verbo neerlandese separabile di cui si cerca la traduzione, quanto nei casi in cui un tale verbo viene offerto come traduzione di un verbo italiano.

Un elemento che mi manca, invece, è l'articolo italiano: non capisco perché venga sistematicamente messo in neerlandese, ma mai in italiano. Certo, la grammatica inserita nel dizionario dà le regole, p. es., sull'uso della forma *lo*: "davanti a *z*, *ps*, *pn* e *s+consonante*", ma nulla dice dell'*h*, della *w* o della *y*. Qualche volta l'articolo risulta dagli esempi (*gli handicappati mentali*, *chi pratica lo yachting*), ma non ci sono esempi con articolo per *hamburger*, *hegeliano*, *hobby*, *hooligan*, *yak*, *yoga*, *yoghi*, *yogurt*, *yard* o *yen*, né per *wafer*, *wagon-lit*, *walkman*, o *weekend*. Negli anni '60, Migliorini accettava ancora "il *week-end*, lo week-end, e l'*week-end*", "lo *iato*, l'*iato*, e talora il *iato*" (1966: 66-7), ma ormai le forme più in uso sono *lo iato* e *il week-end*. In italiano oggi prevale *il whisky*, ma sono anni che cerco un vocabolario italiano che mi dia un esempio di *whisky* con l'articolo; invece no, tutti, compreso l'ampio *Gradit* di De Mauro, hanno immancabilmente "*un bicchiere di whisky*". De Mauro offre, fra altri esempi, vari tipi di *whisky* (*w. scozzese*, *irlandese*, *americano*), il recente *Sabatini-Coletti* mi lascia solo la scelta di prenderlo… liscio o con soda! Così per *iodio* si trova soltanto *tintura di iodio*!

Per quanto riguarda l'uso degli ausiliari vi sono alcune imprecisioni e contraddizioni. Va osservato, p. es., che alcuni verbi di movimento, come *correre/lopen*, *salire/(be)klimmen*, *saltare/springen*, *volare/ vliegen…* permettono nelle due lingue e nelle stesse condizioni un'alternanza di ausiliare a seconda che venga sottolineato lo sforzo fisico, il movimento stesso oppure solo la metà da raggiungere, lo scopo:

- it.: *ho corso tutta la santa giornata* vs. *sono corso alla stazione*
- neerl.: *ik heb de godganse dag gelopen* vs. *ik ben naar het station gelopen*

Il vocabolario non ne parla esplicitamente, però registra l'opposizione negli esempi, anche se solo per alcuni verbi italiani. Per *correre*, p.es., i casi dell'uso telico sono stati raggruppati sotto l'etichetta "intransitivo, ausiliare *essere*": *correre a casa*, *correre alle conclusioni* (*es. sei corso subito alle conclusioni, ma avevi torto*), *correre dietro a q.no*, *correre incontro a q.no* (*es. il cane mi è corso incontro*), *correre incontro alla morte*, *correre via* (*es. i bambini sono corsi via spaventati*), *correre dietro a q.no…* Le definizioni degli usi non telici contengono la specificazione semantica di "senza rapporto a una meta", perché è proprio questo tratto semantico che permette di distinguere dal primo gruppo il verbo *correre* intransitivo coniugato con *avere*: *abbiamo corso per non perdere il treno*, *abbiamo corso per venti minuti*, *non ho mai corso in bici su pista...* Il dizionario, però, distingue anche un terzo gruppo di usi intransitivi: il correre dei mezzi di trasporto (*l'auto correva sull'autostrada*, *il treno corre attraverso la campagna*), dell'acqua o di altri liquidi (*il fiume correva impetuoso tra le rocce*, *il sudore gli correva per la schiena*, *le lacrime gli correvano per le guance*, *le onde correvano a frangersi sugli scogli*), di strade (*il sentiero correva dritto per i campi, la strada corre lungo il lago, la ferrovia corre per chilometri tra le montagne*), degli interessi (*gli interessi corrono dal 15 di questo mese*), o degli anni (*con i tempi che corrono*). Per questo terzo gruppo, non è chiaro perché, non viene indicato l'ausiliare, e non risulta dagli esempi.[30] Per il verbo *salire*, invece, esempi come *salire al quarto piano, salire per le scale, l'ascensore è già salito, siamo saliti in jeep fino a duemila metri, non è mai salita sull'aereo, l'affitto è salito del due per cento, la temperatura è salita a quindici gradi...* stanno tutti sotto l'etichetta "intransitivo, ausiliare *avere*" nel dizionario! Il neerlandese *lopen* prende, secondo il dizionario, sempre *hebben* (*avere*), sia come verbo transitivo sia come verbo intransitivo, salvo nell'uso impersonale (*het loopt tegen zessen, sono quasi le sei,* raramente usato in un tempo composto); esempi come quello dato sopra (*ik ben naar het station gelopen*), con l'ausiliare *zijn*, mancano. E come mettere *questa è la prima volta che volo* al passato, se il verbo *volare*, secondo il dizionario, dovrebbe prenderebbe sempre *essere*? I verbi di movimento costituiscono certamente di una categoria da rivedere con maggiore sistematicità nelle due lingue.

Anche le indicazioni sulle valenze o sulle combinazioni più o meno fisse di parole vanno ricercate nella parte fraseologica e negli esempi a cui Lo Cascio ha dato molta importanza: basta ricordare che i due volumi a stampa del 2001, che contano 50.000 lemmi italiani ed oltre 66.000 lemmi neerlandesi, presentano complessivamente quasi 130.000 esempi e che l'autore aveva dichiarato già allora di averne almeno 50.000 in più nella sua banca dati.[31] Il nuovo dizionario elettronico conta 50.300 lemmi italiani e 78.800 lemmi neerlandesi e un totale di 217.700 esempi (95.200 per il neerlandese e 122.500 per l'italiano). La crescita si situa quindi soprattutto nel settore degli esempi: rispetto ai volumi cartacei vi sono oltre 12.000 lemmi italiani in più, ma quasi oltre 27.000 esempi e fraseologie neerlandese in più e quasi 60.000 italiani.

L'autore applica al lessico la propria teoria dei *profili linguistici*: "Tutte le parole che appartengono ad una lingua, insieme alle varianti semantiche di ogni parola e le rispettive informazioni grammaticali proprie di ogni parola, oltre alle

[30] È vero che in alcuni casi la semantica limita l'uso dei tempi composti, ma in un racconto una frase come *il sudore gli è corso per la schiena* non mi sembra anomala.

[31] Il Dizionario di Sabatini-Coletti ne ha 191.000 per 138.000 voci (ed. 2003^2).

regolari forme idiomatiche in cui tale parola figura, formano più o meno, la conoscenza che bisogna avere di una lingua e che dovrebbe essere presente in un dizionario. Questo a maggior ragione vale per un dizionario elettronico dove non ci sono problemi di spazio" (2001a: 29). Nella versione elettronica tutto questo ricco materiale è effettivamente accessibile con gran facilità, in parte nella descrizione delle varie accezioni delle voci, che contengono sia la fraseologia (le locuzioni ritenute idiomatiche), sia gli esempi; in parte anche, qualora sia troppo difficile inserire il materiale così vario nelle caselle stabilite, nella cosiddetta "fraseologia non classificata" che appare qualche volta alle fine delle voci.[32] Le indicazioni sulle valenze sono numerose, ma non sistematiche, e nella maggior parte dei casi si devono dedurre dagli esempi. Prendiamo il caso di *decidere*, un verbo che appare tre volte nel dizionario come lemma: come verbo transitivo, come intransitivo e come pronominale (v. appendice 1).

- *Decidere* transitivo, di gran lunga l'uso più frequente, non ha nessuna indicazione, ma ha sia un esempio con *di* (*ha deciso di studiare architettura*), sia uno con *a* (*questo evento lo ha fatto decidere ad andarci*). Un'analisi della struttura argomentale - nel primo esempio abbiamo un solo argomento: *decidere di fare qlca.*, nel secondo invece sempre due: *decidere* (= *indurre*) *qlcu. a fare qlca.* - come si spiega, p. es., nel dizionario di Sabatini-Coletti è assente;
- *Decidere* intransitivo ha come indicazione *su* / *di*, fra cui a prima vista si può scegliere: *voglio decidere liberamente della mia vita*; *devono decidere sul budget annuale*. Fra i complementi di *decidere su* figura anche l'espressione sostantivata *il da farsi* (*decideremo al più presto sul da farsi*);
- *Decidere* pronominale ha come indicazione *a*, di cui troviamo due esempi: *non si decide mai a smettere di fumare* e *dopo due ore si decise a chiamarlo*.

Per *provare*, invece, non abbiamo l'indicazione generica come sopra, di una preposizione che segue l'infinito (v. appendice 2):

[32] Naturalmente i limiti fra queste varie categorie non sono molto precisi; *provare un vino* e *provare un abito nuovo dal sarto*, per es., stanno nella fraseologia (quindi sarebbero 'locuzioni ritenute idiomatiche'), ma *ho provato gli antipasti* e *posso provare quei pantaloni?* figurano fra gli esempi (nel lemma *provare*, v. appendice 2).

- Nella prima accezione (*provare* = 'verificare, sperimentare, tentare...') non viene precisato nulla a livello del lemma; è solo sotto l'etichetta "fraseologia" che troviamo un'indicazione di valenza, ma questa volta sotto l'aspetto di una vera e propria formula: *provare a* <+ *inf.*>, seguita dei soliti esempi: *prova a richiamare più tardi*, *voglio provare a prendere il treno delle 7*. Vi si trova anche una seconda precisazione: *provarci (con q.no)* che appartiene al registro familiare.
- Per il quinto significato (*provare* = 'dimostrare') manca qualsiasi indicazione, ma fra gli esempi leggiamo: *ha provato di essere il migliore*.
- *Provare* pronominale non ha né indicazioni, né esempi, solo le traduzioni.

Per *astenersi*, la preposizione *da* viene indicata subito dopo il lemma, per *trattenersi* invece no, e in nessuno dei due casi si parla della presenza indispensabile dell'articolo che sostantiva l'infinito complemento, come del resto giustamente appare negli esempi dati: *astenersi dal fare commenti*, *trattenersi dal fare q.sa.*[33]

Le informazioni grammaticali non si limitano ovviamente agli elementi della valenza. Vi sono anche qua e là delle indicazioni sui modi verbali, ma mai in modo sistematico. In mezzo alla fraseologia della voce *persona*, trovo così la formula: *non c'è persona (al mondo) che* <+ cong.>, con l'esempio: *non c'è persona che gli dia ragione*; ma da nessuna parte viene precisato che occorre usare un congiuntivo con *sperare* (sebbene vi siano solo esempi con congiuntivi), o dopo *dubitare* (e anche qui gli esempi sono tutti al congiuntivo, salvo la forma negativa che viene data con un futuro: *non dubito che ce la farete*). Per le congiunzioni l'informazione è data subito con la descrizione semantica del lemma: *benché* è una "congiunzione concessiva col verbo al congiuntivo"; *affinché* "introduce una preposizione finale col verbo al congiuntivo", e così via. Tali informazioni, però, sono aggiunte solo alla descrizione semantica della lemma di partenza, mai alla sua traduzione. Il fiammingo, quindi, che, volendo tradurre *hoewel*, trova la voce *benché* è privato di queste indicazioni. Alla voce *migliore*, che come comparativo o superlativo di

[33] La nuova edizione del *Sabatini-Coletti* dà, alla voce *astenere*, come esempi per *astenersi*: *a. dall'alcol, dagli eccessi, dai vizi*, e poi aggiunge esplicitamente: "anche con arg. espresso da inf. sost. *a. dal bere*" (ed. 2006^3).

buono ha diritto ad un lemma separato, abbiamo sì un esempio con il congiuntivo: *questa è la migliore proposta che abbia mai ricevuto*, ma senza commento sull'uso del congiuntivo dopo espressioni superlative. In buona parte tutti questi elementi si trovano naturalmente nella grammatica!

Vorrei terminare con due brevi osservazioni. Un difetto strutturale o di programmazione, cui si dovrebbe certamente rimediare nella prossima edizione, è l'impossibilità di passare da un dizionario all'altro. Strutturalmente non si hanno due volumi come nella versione cartacea del 2001, ma virtualmente due volte due volumi, perché chi entra nel dizionario, dalla porta italiana o dalla porta neerlandese, può sempre fare ricerche nelle due lingue, ma non ha accesso alle due grammatiche, né alle due serie di tabelle con le abbreviazioni o con le indicazioni dei nomi geografici. Il dizionario italiano contiene solo tabelle italiane e la grammatica del neerlandese (considerato la lingua d'arrivo!), e viceversa. Fanno eccezione solo le coniugazioni, accessibili nei due dizionari. Se quindi un neerlandofono vuole ricercare la parola *grande*, deve, appena digitate le prime lettere, scegliere fra un 'grande' *agg. qu.* e un 'grande' *n.m.p.*, ma non ha nessuna possibilità per sapere cosa significhino tali abbreviazioni. L'unica soluzione è uscire dal dizionario neerlandese e rientrarci dalla porta italiana per interrogare prima la tabella delle abbreviazioni italiane: *agg. qu.* sta ovviamente per *aggettivo qualificativo*, e *n.m.p.* per *nome maschile plurale*, poiché come sostantivo *grande* viene usato solo al plurale: *i grandi della storia*. Solo con queste informazioni in mano può, chiudendo il dizionario italiano, tornare alla parte neerlandese e fare la sua scelta. Per il verbo *zijn* (cioè *essere*) dovrei scegliere, così, fra non meno di quattro possibilità: *ww onov* (che appare due volte), *hww*, *zn e*, ed infine *vnw bez*; è una strada un po' lunga e noiosa.

Il dizionario elettronico non è perfetto: contiene degli errori e delle imperfezioni, ma per una prima edizione il contrario avrebbe sorpreso. Molte cose andrebbero strutturate con maggiore coerenza: la struttura semantica di tante voci, la sintassi, non solo per quel che riguarda il tipo di informazione da dare ma anche la sistematicità con cui darle. Rispetto a quanto era disponibile sul mercato, tuttavia, è stato compiuto un passo qualitativo notevole. Ricordo anche, ma è un aspetto che non ho studiato per questo intervento, che il dizionario è ricchissimo -grosso vantaggio della versione elettronica che non ha problemi di spazio!-, ricchissimo in voci, in esempi, e nella fraseologia dove sono raggruppate le parole che nella lingua si richiamano le une le altre. Il dizionario funge pertanto sia da dizionario, che da banca dati in cui l'utente troverà ancora tanto materiale da esplorare e da esplicitare ulteriormente. Il programma elettronico lo ha addirittura previsto esplicitamente: alla fine di ogni lemma ha una rubrica "aggiungi al dizionario personalizzato" che permette di inserire significati nuovi, traduzioni diverse, informazioni grammaticali varie, riferimenti interni, commenti,... che si vorrebbero conservare come integrazione del dizionario stesso. Possiamo quindi certamente essere grati all'autore e all'intera sua *équipe* per il lavoro svolto.

Riferimenti bibliografici

B. DENTICI (1955-1964), *Italiaans Handwoordenboek*, Dl. I: *Italiaans-Nederlands*, Dl. II: *Nederlands-Italiaans*, Den Haag, Van Goor.

M. GIRON (1710), *Il Grande Dittionario Italiano et Hollandese, come pure Hollandese et Italiano*, Amsterdam, Pieter Mortier, 1710 (2 voll.).

V. LO CASCIO (2001a), *De echte spreker. Il parlante reale. Overwegingen bij het totstandkomen van een tweetalig woordenboek Italiaans-Nederlands / Nederlands-Italiaans*, Amsterdam, Vossiuspers UvA.

V. LO CASCIO (2001b), *Handwoordenboek Nederlands-Italiaans, Italiaans-Nederlands. Dizionario Italiano-Neerlandese, Neerlandese-Italiano*, Utrecht/ Antwerpen, Van Dale – Bologna, Zanichelli (2 voll.).

V. LO CASCIO (2006), *Groot electronisch woordenboek Italiaans-Nederlands // Nederlands-Italiaans. Grande dizionario elettronico Italiano-Neerlandese // Neerlandese-Italiano*, Amstelveen, Stichting Italned, 1 Cd-rom.

B. MIGLIORINI (1966[4]), *Lingua contemporanea*, Firenze, Sansoni.

S. VANVOLSEM (1998), *Quien toma la espada, a espada morirá*, in N. DELBECQUE - C. DE PAEPE (a cura di), *Estudios en honor del professor Josse De Kock con motivo de su jubilación*, Leuven, Leuven University Press, pp. 529-538.

S. VANVOLSEM (1999), *Neerlandese o nederlandese, what's in a Name?*, in J. CAJOT (a cura di), *Bedrijfsbeheer & Taalbedrijf. Jubileumboek 30 jaar VLEKHO*, Brussel, VLEKHO, pp. 449-460.

S. VANVOLSEM (2000), *A che serve il vocabolario?*, in M.-R. BLOMMAERT e D. CANNOVA (a cura di), *La didattica dell'italiano lingua straniera oggi. Realtà e prospettive*, Brussel, V.U.B., pp. 27-37 [Studiereeks Interfacultair Departement voor Taalonderwijs, n° 8].

S. VANVOLSEM (2003), *Dizionari a confronto: una lettura trasversale dei vocabolari italiani contemporanei*, in L. BEGIONI et al. (a cura di), *Didattica della lingua e della letteratura italiana*, Paris, Cirrmi - Université La Sorbonne Nouvelle - Paris 3, pp. 143-160.

S. VANVOLSEM (2004), *La traduction: rôle et dangers des dictionnaires*, in A. ALLAIN et al. (a cura di), *Approches méthodologiques de la traduction specialisée. Politiques linguistiques: du statut juridique des langues aux stratégies de diffusion à l'étranger*, Paris, Cirrmi/ Université de la Sorbonne Nouvelle - Paris 3, pp. 49-59.

S. VANVOLSEM (2005), *Ma quando nasce esattamente il prematuro?* in "Grand'Angolo di Edit-Symposia. Pediatria e Neonatologia", XII, pp. 6-19.

S. VANVOLSEM, *Trasparenza e opacità: La definizione dei termini scientifici nei lessici*, (Lingua italiana e scienza, Firenze, Accademia della Crusca, 6-8 febbraio 2003) (in stampa).

S. VANVOLSEM, *I primi manuali e dizionari per neerlandofoni: Tappe cinque e seicentesche importanti per la diffusione dell'italiano nei Paesi Bassi*, in "La lingua italiana. Storia, strutture, testi" (in stampa).

APPENDICE 1

decidere [de-cì-de-re]

decidere V TR AV

1. { prendere una risoluzione } **esprimere, pervenire ad un giudizio o un'opinione definitiva; prendere una risoluzione**

- ***beslissen***
- ***besluiten***
- ***een beslissing nemen***
- ***een besluit nemen***

**Esempi**

pensaci e decidi ➔denk erover en neem een beslissing;
ha deciso di studiare architettura ➔hij heeft besloten bouwkunde te gaan studeren;
decidete quale auto comprare ➔jullie moeten beslissen welke auto jullie willen kopen;
ho deciso e non torno indietro ➔ik heb een beslissing genomen en daar kom ik niet op terug;
mi ha fatto decidere l'incontro con lui ➔de ontmoeting met hem heeft mij doen beslissen;
decidi tu per me, io non so cosa fare ➔beslis jij maar voor mij, ik weet niet wat ik moet doen;
questo evento lo ha fatto decidere ad andarci ➔die gebeurtenis heeft hem doen besluiten weg te gaan;

2. { scegliere }

- ***kiezen***
- *een keuze maken*

**Esempi**

devi decidere tra lui e me ➔je moet een keuze maken tussen hem en mij;
avete già deciso il modello? ➔hebben jullie al een model gekozen?;

3. { stabilire } **stabilire**

- ***vaststellen***
- ***bepalen***

Fraseologia

fig.
decidere le sorti di q.no / q.sa ➔het lot bepalen van iem. / iets;
es. questa partita deciderà le sorti della squadra ➔deze wedstrijd zal het lot van het team bepalen;

Esempi

abbiamo deciso il colore delle pareti ➔we hebben de kleur van de wanden bepaald;
deve ancora decidere la data della partenza ➔hij moet de vertrekdatum nog vaststellen;
è impossibile decidere se egli sia innocente o colpevole ➔het is onmogelijk vast te stellen of hij schuldig is of niet;

4. { determinare } **essere determinante, determinare**

- ***bepalend zijn***
- ***beslissend zijn***
- ***bepalen***

Esempi

quell'incontro ha deciso la loro vita ➔die ontmoeting is beslissend geweest voor hun verdere leven;
l'ultima testimonianza decise la sua condanna ➔de laatste getuigenis was beslissend voor zijn veroordeling;

5. **DIR. pronunciare un giudizio conclusivo su una questione; definire emanando una sentenza; risolvere**

- ***een uitspraak doen over / in***

Esempi

aspettano che il pretore decida la controversia ➔ze wachten tot de kantonrechter een uitspraak doet in het geschil;

Aggiungi al dizionario personalizzato

decidere [de-cì-de-re]

decidere V IN AV

1. *su* / *di* - prendere una decisione, una risoluzione

- ***een beslissing nemen over***
- ***beslissen over***

Esempi

le autorità competenti decideranno del suo caso ➔de bevoegde autoriteiten zullen een beslissing nemen over zijn geval;
voglio decidere liberamente della mia vita ➔ik wil vrijelijk over mijn leven beslissen;
devono decidere sul budget annuale ➔ze moeten een beslissing nemen over het jaarbudget;
decideremo al più presto sul da farsi ➔we zullen zo snel mogelijk een beslissing nemen over wat ons te doen staat;

decidere [de-cì-de-re]

decidere V PR ES

1. *a* - prendere una decisione, risolversi

- ***beslissen***
- ***besluiten***
- ***een beslissing nemen***
- ***een besluit nemen***

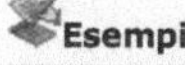

Esempi

non si decide mai a smettere di fumare ➔hij komt nooit tot de beslissing om met roken te stoppen;
dopo due ore si decise a chiamarlo ➔na twee uur besloot hij hem te bellen;
e deciditi! non stare con le mani in mano! ➔neem een beslissing! zit niet met je armen over elkaar!;

APPENDICE 2

provare [pro-và-re]

provare V TR AV

1. verificare, sperimentare, tentare l'efficienza e l'affidabilità di q.sa; anche in usi assoluti o con azione sottintesa

- ***proberen***

Fraseologia

provare a <+ inf.> ➜proberen;
es. prova a richiamare più tardi ➜*probeer later terug te bellen*;
es. voglio provare a prendere il treno delle 7 ➜*ik wil proberen de trein van 7 uur te nemen*;
fig.
provarci (con q.no) FAM. ➜met iem. aanpappen;
es. ci prova con tutte ➜*hij papt met alle vrouwen aan*;

Esempi

mi fai provare la tua bicicletta? ➜mag ik je fiets proberen?;
devi provare quel ristorante ➜je moet dat restaurant proberen;
ho provato in tutti i negozi, ma era esaurito ➜ik heb het in alle winkels geprobeerd, maar het was uitverkocht;
ho provato e riprovato tutto il giorno, ma non c'era mai nessuno ➜ik heb het de hele dag aldoor geprobeerd, maar er was nooit iem.;
hai mai provato l'agopuntura? ➜heb je ooit acupunctuur geprobeerd?;
ho provato tutte le strade, ma non c'è nulla da fare ➜ik heb van alles geprobeerd, maar er is niets aan te doen;

2. { personale } **tenere in prova, assumere con contratto temporaneo per verificare l'efficienza di un lavoratore**

- ***(het met) iem. proberen***

Esempi

stiamo provando un'altra segretaria ➜we proberen het momenteel met een nieuwe secretaresse;

3. { cibi, bevande } **assaggiare, gustare cibi, bevande**

- ***proeven***

Fraseologia

provare un vino ENOL. ➔een wijn proeven;

Esempi

questo stufato è ottimo, perché non lo provi? ➔deze stoofschotel is heerlijk, waarom proef je hem niet?;
ho provato gli antipasti e sono pessimi ➔ik heb de voorgerechten geprobeerd, ze zijn afschuwelijk;

4. { abiti, scarpe } **indossare per controllare la taglia, la misura, ecc.**

- ***(aan)passen***

Fraseologia

provare un abito nuovo dal sarto ABB. ➔een nieuw pak passen bij de kleermaker;

Esempi

posso provare quei pantaloni? ➔mag ik die broek passen?;
ho provato le scarpe, ma mi vanno strette ➔ik heb de schoenen aangepast, maar ze zitten te strak;

5. { dimostrare } **dimostrare**

- ***bewijzen***

Fraseologia

provare la colpevolezza di q.no ➔iemands schuld bewijzen;

Esempi

questo è ancora da provare ➔dat dient nog bewezen te worden;
ha provato di essere il migliore ➔hij heeft bewezen de beste te zijn;
la tua ipotesi deve essere ancora provata ➔je hypothese moet nog bewezen worden;

6. { sentire } **sentire, sperimentare, conoscere, detto di sensazioni, esperienze, situazioni, ecc.**

- ***voelen***

Fraseologia

provare dolore ➔pijn voelen;
provare gioia ➔vreugde voelen;
provare pietà per q.no ➔medelijden voor iem. voelen;

Esempi

non so che soddisfazione ci provi a metterlo in imbarazzo ➔ik weet niet wat voor plezier je er in hebt hem in verlegenheid te brengen;
vedendola, provò una forte emozione ➔toen hij haar zag, voelde hij een heftige ontroering;
non ha mai provato cos'è la fame ➔hij heeft nooit gevoeld wat honger is;
è una sensazione che non ho mai provato prima ➔het is een gevoel dat ik nog nooit eerder heb gehad;

7. { fiaccare } **fiaccare, indebolire nel fisico e nel morale, mettere a dura prova**

- ***beproeven***
- ***op de proef stellen***

**Esempi**

quell'esperienza lo ha duramente provato ➔die ervaring heeft hem zwaar op proef gesteld;

8. **TEATRO MUS. fare le prove; anche usato in forma assoluta**

- ***repeteren***

Fraseologia

provare la parte TEATRO ➔zijn rol repeteren;
provare un monologo TEATRO ➔een monoloog repeteren;

**Esempi**

l'orchestra sta provando la terza sinfonia di Mahler ➔het orkest repeteert de derde symfonie van Mahler;

provare [pro-và-re]

provare V PR ES

1. { abiti, scarpe } indossare per controllare se la misura è giusta

- *(aan)passen*

Fraseologia

provarsi un cappotto ➔een mantel passen;

2. { cimentarsi } *in* - R cimentarsi

- *zich meten met* ↵

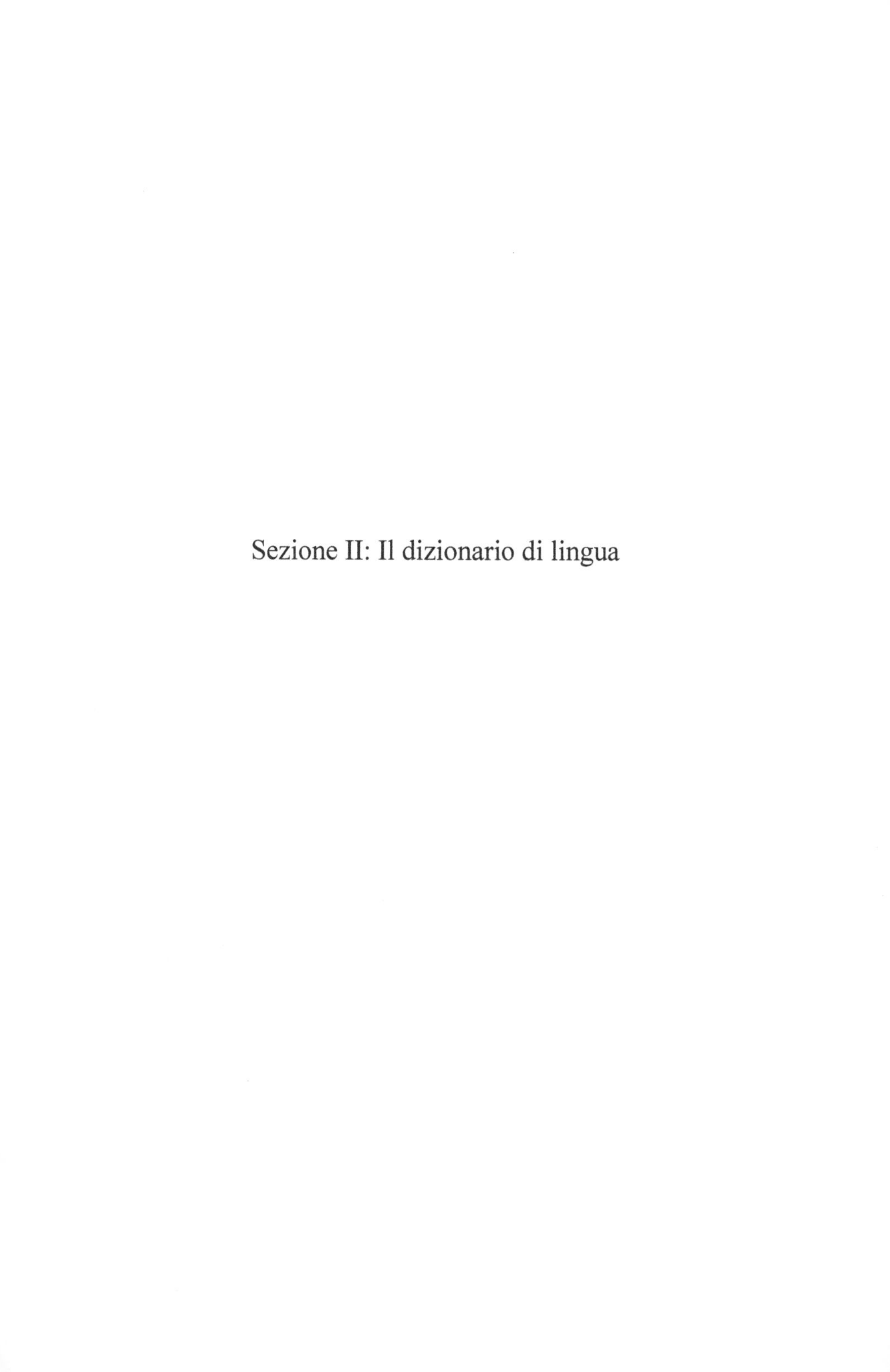

Sezione II: Il dizionario di lingua

Tullio De Mauro
(Università di Roma La Sapienza)

Problemi di scala nella redazione di un dizionario

Ferdinand de Saussure è noto come grande fautore della nozione di 'sistema' nella interpretazione dei fatti linguistici. E ciò non vale solo in quella "vulgata", in quella versione a lungo diffusa del pensiero di Saussure sulle cui semplificazioni e, però, sulla cui rilevanza per le correnti della linguistica del Novecento fin dagli anni sessanta attirò l'attenzione Giulio Lepschy.[34] La nozione di 'sistema' ha avuto un ruolo effettivamente centrale nelle riflessioni di Saussure. Ma, come oggi vediamo con chiarezza, essa ha avuto per lui un ruolo duplice e, se si vuole, antinomico. Da un lato egli si riferiva alla nozione come a un principio regolativo delle possibili e desiderabili presentazioni delle analisi e descrizioni dei fatti linguistici. Da un altro lato, proprio l'assumere il sistema a riferimento regolativo delle descrizioni e analisi aprì per lui le porte alla valorizzazione, in sede teorica, delle *novations* e dei *flottements* che "formicolano" nelle realtà effettive degli usi linguistici. Saussure ben conosceva tali fenomeni in quanto linguista reso attento a essi dall'esperienza di studi indoeuropeistici e in particolare romanistici e germanici e dalle esplorazioni del parlato fatte sul campo, dalla Lituania agli ambiti dialettologici a lui più vicini. Vagliandoli in sede teorica egli fu spinto a dubitare della possibile pacifica *entificatio* e *reificatio*, avrebbero detto gli scolastici, della nozione di 'sistema', della sua concepibilità come realtà effettiva, anzi come la realtà effettiva del funzionamento di una lingua.[35]

Oggi quella che per Saussure fu un'isolata esperienza teorica a me pare che si ripeta in più vasti ambiti. La grande mole di studi ispirati al generativismo ha

[34] Giulio C. Lepschy, *La linguistica strutturale*, Einaudi, Torino 1966[1], pp.11-65, 42-53, ma cfr. già *Aspetti teorici di alcune correnti della glottologia contemporanea*, in "Annali della Scuola Normale Superiore di Pisa", s.II, XXX (1961), pp. 187-267, XXXIV (1965), fasc. III-IV.

[35] Rinvio, da ultimo, agli scritti inediti di linguistica generale pubblicati da Rudolf Engler e Simone Bouquet, per i quali mi permetto di citare la traduzione e edizione commentata italiana, Ferdinand de Saussure, *Scritti inediti di linguistica generale*, introduzione, traduzione e commento di T. De Mauro, Laterza, Bari 2006, in particolare § 98 e note.

portato in primo piano l'esistenza di idiosincrasie, specie di origine lessicale, che rendono problematica la riduzione di tutte le realtà linguistiche a realizzazioni di un numero chiuso e stabile di principi sintattici. L'attenzione alle variazioni esecutive che intaccano i sistemi investe la fonologia, come in Italia ha ripetutamente sostenuto Federico Albano Leoni, ma anche la morfologia. Le ampie e accurate registrazioni di effettivo parlato e l'esistenza e accessibilità sistematica di vastissimi *corpora* di testi scritti scuotono l'idea che frasi delle lingue e loro realizzazioni siano concepibili alla stregua di operazioni aritmetiche funzionanti solo a patto di rispettare un sistema precostituito e inviolabile di regole.

Ciò pone a ogni livello dell'analisi linguistica problemi di scala. Fino a che punto l'analisi deve somigliare alla borgesiana "carta dell'Impero" e deve o può tenere conto di tutte le possibili *novations* e di tutti i *flottements*? Parrebbe chiaro che l'irrilevanza di analisi statistiche delle variazioni rispetto alle regole che si registrino nell'esecuzione di operazioni aritmetiche o algebriche e che sono catalogabili come errori, non è estensibile ai fatti di esecuzione linguistica in cui variazioni di ogni livello si registrano anche entro gli standard comunemente accettati anche se mettono in crisi regole di sistema e di norma cosicché valutazioni statistiche delle oscillazioni registrabili nell'uso in uno stato di lingua siano invece utili, se non indispensabili, ai fini della descrizione di una lingua in quanto sistema e in quanto norma.[36]

In particolare l'adozione di strumenti statistici appare non eludibile quando ci si ponga dinanzi al lessico di una lingua. Oggi cominciamo a comprendere (ma per il vero lo comprendeva bene già Giacomo Leopardi[37]) che la massa lessicale di una lingua che sia documentata e usata tradizionalmente, talora da secoli, dai locutori di una società complessa sotto i profili delle attività produttive e dell'organizzazione sociale e della larga circolazione di conoscenze e informazioni (è ciò che si intende con etichette come *lingua di cultura* o *lingua di civilizzazione*), ha una dimensione quantitativa di cui i dizionari cartacei anche più ampi danno conto solo in piccola parte. Anche tenendo da parte lo

---

[36] Rinvio a quanto scrivevo in *Quantità-qualità: un binomio indispensabile*, in *Capire le parole*, Laterza, Bari-Roma 1994[1], 1999[2], pp. 97-107, e ai diversi contributi in Isabella Chiari, Tullio De Mauro (a cura di), *Parole e numeri*, Aracne editrice, Roma 2005.

[37] Giacomo Leopardi, *Zibaldone*, 2386-87 (ed. Pacella).

sciame a dir poco immenso dei *nonce* o *occasional words*, i lessemi ricorrenti non occasionalmente nei testi e discorsi fonologicamente e morfologicamente riconducibili a una lingua di cultura oggi in uso sono milioni e milioni.[38] Nella grande maggioranza questi sembrano essere elementi di terminologie tecnico-scientifiche altamente specializzate, nomi di insetti, funghi, virus, composti chimici organici naturali e sintetici. La loro definizione per gli inevitabili riferimenti di natura enciclopedica trova uno spazio adeguato, si dirà, più che in un dizionario generale in repertori specializzati. Tuttavia è impresa difficile escluderli per principio da dizionari generali, poiché molti sono esposti alla possibilità di essere usati, spesso imprevedutamente, in sedi informative di vasta circolazione e in testi universitari e scolastici. Si impongono dunque accertamenti di natura statistica e qualitativa per decidere quali includere in un dizionario generale che si proponga di dare una rappresentazione adeguata dell'uso.

Anche decidendo di tenere da parte molti elementi di terminologie tecnico-scientifiche meno presenti in testi non strettamente specialistici, resta che i lessemi non strettamente specialistici circolanti nell'uso di una lingua di cultura contemporanea si possono valutare nell'ordine, se non di milioni, di molte centinaia di migliaia. Vale la pena rammentare che essi solo in minima parte possono rientrare nelle capacità di comprensione di un singolo individuo: valutazioni della ricchezza del lessico ricettivo individuale lo fanno ascendere al massimo ad alcune decine di migliaia, circa ottantamila nei casi per dir così migliori.[39] Il locutore che ascolti o legga è dunque esposto alla possibilità di trovarsi dinanzi lessemi appartenenti a quelle centinaia di migliaia di parole che, pur in uso, sfuggono alla sua previa conoscenza. Lo aiutano per sua fortuna ben quattro alleati:

---

[38] Quantificazioni ulteriori, sempre necessariamente approssimative, in T. De Mauro, *Dove nascono i neologismi?*, relazione al convegno 20.5.2005, Accademia dei Lincei-Lessico Intellettuale Europeo, in Giovanni Adamo, Valeria Della Valle (a cura di), *Che fine fanno i neologismi?*, Olschki, Firenze 2005, rist. in De Mauro, *Dizionarietto di parole del futuro*, Laterza, Bari-Roma 2006, pp, 95-110, e in T. De Mauro, *Introduzione*, in T. De Mauro (direttore), *Grande dizionario italiano dell'uso*, 2ª ed., UTET, Torino 2007, pp.XI-LXXIII, in particolare p. LXXI.

[39] Rinvio da ultimo a Silvana Ferreri, *L'alfabetizzazione lessicale. Studi di linguistica educativa*, Aracne editrice, Roma 2005.

(1) la distribuzione delle frequenze lessicali: sappiamo che per circa il 90% i testi e discorsi di qualunque lingua sono costruiti con repliche delle prime duemila parole più frequenti, costitutive del vocabolario *fondamentale*, e per un ulteriore 5 o 6% da parole meno frequenti delle fondamentali, ma pur sempre di *alta frequenza* rispetto alla restante massa lessicale; sappiamo che questo insieme di circa 5000 parole è in generale noto a locutori di istruzione media e tali parole non pongono di per sé problemi a un locatore che abbia almeno tale livello di istruzione;

(2) le capacità di comprensione di lessemi non previamente noti realizzata attraverso il ricorso a eventuali meccanismi regolari di formazione delle parole, per lessemi non prima noti tratti da basi lessicali note[40] e al cotesto verbale e al contesto situazionale, cui sempre, ad avviso di chi scrive, è necessario fare ricorso nella comprensione di un qualunque enunciato linguistico;

(3) la consultazione di locutori esperti, ciò che, nelle lingue storico-naturali, è possibile grazie all'uso metalinguistico riflessivo che caratterizza il linguaggio verbale umano e permette di usare le parole stesse di una lingua per interrogarsi su di esse, spiegarle, commentarle;

(4) la consultazione di quell'esperto inanimato che è il dizionario, il quale, come fu detto, non è *magister*, ma *quasi minister* di chi parla e vuol rendersi meglio consapevole.

Gli alleati (1) e (2) soccorrono qualsiasi locutore di una lingua che sia uscito dall'infanzia, e abbia un livello anche solo elementare di istruzione.

Con l'alleato (3) le cose si fanno più complesse: dobbiamo saperlo chiamare in soccorso e attivarlo. La capacità di uso metalinguistico riflessivo è connaturata alla capacità d'uso di una lingua, lo caratterizza rispetto ad altre semiotiche,[41] tuttavia il suo esercizio concreto può scontrarsi con ostacoli di

---

[40] Sottolinea questa possibilità del "componente lessicale" della grammatica Anna Thornton, *Morfologia*, Carocci, Roma 2005, pp. 136-37, tuttavia a me pare evidente che anche nei casi di derivazione regolare il riconoscimento del significato richiede il ricorso al contesto: e al cotesto.

[41] Dobbiamo soprattutto alla tradizione di studi logici la valorizzazione di questo aspetto costitutivo del linguaggio umano, troppo spesso sfuggito ai linguisti teorici, con rare eccezioni come Antoine Culioli. Rivio all'opera della compianta Josette Rey-Debove, *Le métalangage: étude du discours sur le langage*, Collins, Parigi 1978[1], édition augmentée

natura psicologica e sociale che possono rendere difficile, per esempio, dichiarare di non conoscere il senso di una parola appena udita o letta, così come, d'altra parte, chi venga interrogato può trovarsi in difficoltà a spiegare chiaramente ciò che pure implicitamente sa del senso di una parola. Ai fini del pieno sviluppo di questo esercizio concreto della capacità d'uso metalinguistico riflessivo non si ripeterà mai abbastanza che sono fondamentali il colloquio intrafamiliare con i più piccoli e giovani e un'atmosfera di colloquio e collaborazione attiva nelle aule scolastiche.[42] Altrettanto importante è, ovviamente, che nell'informazione e nei testi non specialistici i più esperti evitino ciò che Antonio Gramsci bollava sarcasticamente come "neolalismo" degli intellettuali italiani e seguano invece il consiglio di Karl Kraus: non mettere tra i piedi delle persone parole rare e incomprensibili.

Infine il caso più complesso, e più interessante in questa sede: il ricorso all'alleato (4). Ha ragione chi, come Noam Chomsky, rammenta che per consultare un dizionario bisogna già conoscerne la lingua (almeno in parte, val la pena di aggiungere). Ma non basta: occorre che il lettore abbia un discreto livello di alfabetizzazione funzionale. Il "libro di tutte le parole" che, scoperto su una bancarella, conquistò un ragazzo pugliese figlio di poveri braccianti, destinato a diventare il capo indiscusso dei sindacati operai italiani quando l'Italia rinacque alla vita libera, parlo di Giuseppe Di Vittorio[43], non è un libro di lettura immediatamente facile. Il ragazzo lo pagò una lire e settancinque centesimi più la giacchetta che indossava. Il prezzo delle fatiche per acquistare le abilità necessarie a consultare con profitto un dizionario è certamente ancora

1997², e a T. De Mauro, *Minisemantica dei linguaggi verbali e delle lingue*, Laterza, Roma-Bari 1982¹, 2007⁹, pp. 93-94, 126-31 e *passim*.

[42] Alessandra Fasulo, Clotilde Pontecorvo, *La socializzazione a tavola: analisi di un contesto formativo*, in Marina Cecchini (a cura di), *Fare, conoscere, parlare. Abilità linguistiche, capacità operative e processi di apprendimento*, "Quaderni del GISCEL", Franco Angeli, Milano 2004, pp. 281-300, C. Pontecorvo, B. Maroni, (2004) *Discorso e sviluppo: la conversazione in famiglia come sistema di azione e strumento di ricerca sulla socializzazione*, in M. B. Ligorio (a cura di), *Psicologie e cultura*, C. Amore, Roma 2004, pp. 205-219, Silvana Ferreri (a cura di), *"Non uno di meno": strategie didattiche per leggere e comprendere*, "Quaderni del GISCEL", La Nuova Italia, Scandicci (Firenze) 2005.

[43] Felice Chilanti, *Vita di Giuseppe Di Vittorio*, Edizioni del Lavoro, Roma 1953 (apparsa in fascicoli successivi in "Il lavoro"), ora *on line* in "Rassegna Sindacale", www.rassegna.it , cap. 7, "La scoperta del vocabolario".

maggiore. Ma, e ancor più, il dizionario è affidabile solo se, come si è accennato, rispetta alcune condizioni che, in parte implicite in ciò che si è detto, cerco qui di elencare.

(1) Dinanzi alla vastità della massa lessicale il dizionario dovrebbe sempre rendere esplicita la scala cui si attiene: una parola, un lemma, oppure due, o dieci, su centomila delle circolanti? L'operazione può non essere semplice, ma un buon dizionario non dovrebbe avere timore a indicare i suoi limiti quantitativi e dare con ciò un primo orientamento critico a chi lo consulta.

(2) La scala può e deve essere diversa a seconda dei destinatari e della destinazione: il dizionario storico di una lingua dovrebbe mirare alla integralità, cioè offrire a lemma tutti i lessemi dei testi studiati e spogliati per la sua costruzione e, insomma, essere una *concordanza*, un *index verborum et locorum* delle concordanze e degli indici di tutti i testi studiati;[44] all'estremo opposto un pockett per stranieri (basta che lo dichiari) può e deve ragionevolmente selezionare a scala enormemente minore il lessico riferendosi a quella parte più presente nell'informazione corrente e nella vita quotidiana. Questa condizione porta con sé implicite le due condizioni seguenti.

(3) Un dizionario deve dichiarare le sue fonti, cioè i testi scritti e (ormai) le registrazioni di parlato su cui è fondata la selezione dei suoi lemmi e delle loro accezioni: un dizionario che non dichiari le sue fonti (pessima abitudine della dizionaristica italiana recente, non della più antica, dal *Vocabolario* della Crusca al Tommaseo-Bellini e non dei dizionari UTET) è un testimone inattendibile, per quanto di apparenza deduttiva (almeno nelle pubblicità o per marchio editoriale). Un dizionario "per famiglie" non dovrebbe vergognarsi, dovrebbe anzi vantarsi di dichiarare come fonte un'opera lessicografica maggiore, come è d'uso nei dizionari monovolume di diverse lingue europee.

(4) Scala e indicazione delle fonti portano alla quarta condizione. Un dizionario che non sia un dizionario storico tendenzialmente integrale dovrebbe sapere che, ne sia o no consapevole, assume nel costituire il lemmario e offrire definizioni di accezioni alcuni criteri. Questi criteri vanno dichiarati.

---

[44] Rinvio, per questi termini, a T. De Mauro, *Primo tesoro della lingua letteraria italiana del Novecento*, UTET-Fondazione Bellonci, Torino-Roma 2007, pp. 7, 46.

(a) Essi sono anzitutto criteri statistici. Come già si è accennato, nella massa lessicale di una lingua distinguiamo su base statistica diverse fasce d'uso: il vocabolario fondamentale e d'alto uso (poche migliaia di parole in testa ai *frequency wordbooks*); il vocabolario comune, noto e accessibile a chi ha una istruzione mediosuperiore (poche decine di migliaia di parole, un insieme più contenuto in inglese e francese, più esteso in lingue come il tedesco e l'italiano); i vocaboli noti e in uso tra chi pratica particolari professioni o campi di studio.

(b) I criteri statistici non sono i soli cui un dizionario può attenersi. Accanto vi è il criterio della significatività dell'uso che, a sua volta, si sdoppia in significatività per la vita quotidiana e significatività culturale.

(b1) Dobbiamo al gruppo di studiosi francesi che negli anni quaranta e cinquanta del Novecento elaborò il "francese fondamentale",[45] tra molte altre cose, la prima individuazione su base empirica di quella fascia di parole, tra le mille e le duemila circa, che sono di bassissima e perfino quasi nulla frequenza nel parlato e nello scritto, ma che sono strettamente legate a attività, atti, oggetti, alimenti ecc. della quotidianità: è ciò che chiamiamo vocabolario di *alta disponibilità* o *familiarità*.[46] Un dizionario che voglia rappresentare l'uso di una lingua non può ignorare questa fascia, strategica nella comunicazione e nella coscienza dei parlanti anche se scarsamente rappresentata nella esofasia scritta e orale.

(b2) Seconda forma di significatività è quella culturale, dove possono farsi valere le doti (se ci sono) di artigianalità, sapienza e intuito del lessicografo. Parole anche rare meritano di trovare posto in un dizionario anche consapevole del suo essere selettivo e orientato a registrare usi di qualche diffusione. Questa è l'opinione, implicita più che esplicita, nella maggiore dizionaristica britannica e nordamericana, *Oxford English Dictionary* e *Webster*, per intenderci, ma anche nell'ancor più selettivo *American Heritage Dictionary* (di fattura eccellente per quel che c'è), ed è opinione invece, di nuovo più nell'implicito che nell'esplicito, rifiutatata dalla grande, accuratissima, ma severissimamente

[45] Georges Gougenheim, R. Michéa, Paul Rivenc, Aurélien Sauvageot, *L'élaboration du français fondamental (1er degré). Etude sur l'établissement d'un vocabulaire et d'une grammaire de base*, Didier, Parigi, 1956[1], 1964[2].

[46] Rinvio a T. De Mauro, *Guida all'uso delle parole*, Editori Riuniti, Roma 1980[1], e all'*Introduzione* al *GRADIT* cit. a n. 38.

selettiva dizionaristica francese, con effetti paradossali: per trovare traccia lessicografica di una parola come *diremption* (una bella parola di cui manca curiosamente, forse significativamente un immediato equivalente italiano, che conosce solo *redenzione* e *perenzione*), una parola usata da giuristi francesi, ma anche da un grande teorico e propugnatore del socialismo come Georges Sorel, è inutile frugare nei dizionari francesi anche maggiori, ma la si trova attestata, come francesismo, in quelli inglesi. Nel costruire il *GRADIT* ci siamo rifatti all'opinione diciamo così inglese, più che alla francese. Su un impianto statistico, esteso anche all'individuazione dei nuclei terminologici statisticamente rilevanti nelle terminologie tecniche e specialistiche e tradottosi nella marcatura sistematica statistica e settoriale di ogni lemma, abbiamo poi lavorato fin dalla prima edizione tenendo d'occhio la significatività culturale delle parole e dei testi in cui esse appaiono. Così abbiamo considerato parte dell'uso linguistico italiano del Novecento i testi di un canone di testi dei grandi scrittori di Italia, da Dante a Carducci e Croce, che sono ancora letti nelle scuole anche elementari e dal ceto colto. A motivo di ciò abbiamo incluso anche il rarissimo *spene* o l'accezione "piede" di *piota.* Una parola come *spene* (var. di *speme*) è entrata per la via del canone, da Dante a Leopardi, ma l'avremmo tenuta d'occhio come tante parole di Metastasio, Da Ponte e altri autori di arie famose del melodramma sette e ottocentesco, prima scuola di italiano parlato in un'Italia ancora immersa, fuori della Toscana e di Roma, nella più compatta dialettalità.[47] Ma abbiamo guardato anche a testi significativi estranei al canone, a scrittori del Novecento come Savinio, Gadda, Arbasino (come facilmente risulta scorrendo le fonti di prima attestazione) o a saggisti, filosofi, politici come Labriola, Croce, Gramsci, che hanno suggerito l'inclusione di parole rare nell'uso, ma care a loro e alla cerchia di lettori delle loro opere, come *autoctisi, banausico,*il già citato *neolalismo* ecc. Gli spogli redazionali, l'apporto delle infaticabili letture di Edoardo Sanguinei, hanno avuto per questa parte il contributo degli spogli sistematici informatizzati dei romanzi vincitori e partecipanti al Premio Strega, confluiti nel *Primo Tesoro* (citato alla n. 44), importanti non solo per la qualità letteraria intrinseca dei testi, ma per la grande

---

[47] Eduardo Rescigno, *Una voce poco fa. 250 frasi celebri del melodramma*, prefazione di T. De Mauro, Hoepli, Milano 2007.

diffusione che il Premio di anno in anno ha loro conferito e conferisce. In effetti è chiaro che il criterio della significatività culturale lascia intravedere una dimensione statistica: la rilevanza statistica non solo dal lato del produttore, ma anche la rilevanza statistica (intuibile più che sempre analiticamente accertabile) dal lato dei ricettori, almeno quelli di buon livello di istruzione.

Soltanto il dichiarare esplicitamente questi e altri criteri può consentire al dizionario di costituirsi in fonte credibile di informazioni linguistiche, in fonte, cioè, sottoponibile a verifica e "falsificabile", dunque utilizzabile cumulativamente per una sempre migliore conoscenza del lessico di una lingua.

Silvana Ferreri
(Università della Tuscia)

Dalla parte degli utenti: dizionari e alfabetizzazione lessicale

L'insegnabilità del lessico è questione ampiamente dibattuta nella letteratura glottodidattica con posizioni contraddittorie e persino antitetiche di cui si trovano tracce anche nella sezione dedicata ai dizionari pedagogici del secondo volume dello *Internationales Handbuch zur Lexikographie*. La lapidaria citazione di Rivers "vocabulary cannot be taught" (cit. in Hausmann 1990: 1386) dovrebbe indurre a lasciare all'extrascuola ogni tentativo di ampliamento del patrimonio lessicale degli alunni, se non ci fossero a contrastarla i molti libri, i cui titoli manifestano un diverso orientamento, come *Teaching and Learning Vocabulary* (Nation 1990), *Vocabulary Development* (Stahl 1999), *Vocabulary Instruction* (Baumann e Kame'enui 2004), che discutono problematizzando ricerche teoriche e applicative volte a rendere effettiva la possibilità di espansione lessicale a tutte le età. Il grande sviluppo del settore applicativo rafforza la certezza che l'ampliamento delle conoscenze lessicali non possa essere demandato esclusivamente all'acquisizione e all'apprendimento accidentale. All'espansione casuale l'istituzione scolastica deve affiancare azioni dirette all'espansione lessicale programmata che sappia fornire gradatamente non tanto liste lessicali intese come singole parole da imparare a memoria, quanto insiemi correlati che si saldino in memoria a parole e a concetti già noti, si connettano agli usi collettivi riconoscendone tratti e caratteri, aiutino a praticare nuovi campi del sapere contribuendo alla costituzione di nuove unità concettuali. È, dunque, nell'ottica di un impegno volto ad ampliare le possibilità espressive degli apprendenti e a sollecitare ogni variazione lessicale funzionale al miglioramento delle produzioni linguistiche che bisogna guardare alle risorse offerte dalla lessicografica contemporanea, chiedendo e ricercando non solo la specificazione dei significati delle parole in definizioni e accezioni di senso, ma anche il raffronto tra parole, contigue o opposte o comunque legate da rapporti di senso, e parole sensibili alle variazioni di stile in uso nella comunità linguistica.

Il punto di vista assunto è quello di una utenza che cerca e deve trovare negli strumenti lessicografici elementi che la aiutino ad approntare piani di alfabetizzazione lessicale per tutto l'arco della scolarità e oltre (Ferreri, 2006). Gli insegnanti di ogni ordine e grado devono rivolgersi ai dizionari come agli strumenti primi e indispensabili per la didattica del lessico e vi devono trovare risposte alle loro necessità. Risultano essenziali allo scopo molti dizionari, dizionari di diverso impianto e genere e di diversa destinazione: generali, etimologici, sinonimi e contrari, analogici, storici, specialistici ecc. attraverso cui ogni insegnante può mettere a punto un suo progetto di espansione lessicale. L'alfabetizzazione lessicale richiede, infatti, la capacità di fare scelte funzionali agli apprendenti a condizione che l'insegnante abbia la conoscenza approfondita della produzione lessicografica generale, non limitata all'esplorazione esclusiva dei dizionari pedagogici.

La numerosità delle entrate lessicali dei grandi dizionari (cfr. Ferreri 2005a), prova della indefinita ricchezza lessicale delle grandi lingue di cultura, richiede e impone per l'insegnamento e l'apprendimento selezioni di vocaboli mirate e legate agli obiettivi e agli scopi della formazione. Allo strumento lessicografico, anche laddove non è pensato in termini pedagogici, si chiede di assumere i bisogni dell'alfabetizzazione e di predisporre quanto può essere utile per estrazioni mirate di porzioni di vocabolario in grado di prefigurare stadi di sviluppo quantitativo e qualitativo del lessico nel corso degli studi.

L'esigenza primaria, soprattutto nel caso dell'italiano come lingua straniera, riguarda il vocabolario fondamentale. È noto da tempo che le parole non hanno lo stesso status sotto il profilo della frequenza e dell'uso: pochissime parole, circa duemila, ricoprono in tutti i discorsi e testi una percentuale tra l'82-85% (per l'inglese; fonte: Nation) e il 92-94% (per l'italiano; fonte: De Mauro 1980) in base al campo e al tenore di discorso, alla forma del testo, alla situazione, ai luoghi di trasmissione. Sotto il profilo dell'apprendimento di una lingua seconda o straniera, questo nucleo di parole risulta strategico.

Alcuni dizionari italiani segnalano le parole fondamentali, con qualche differenza nella numerosità e nei criteri di inclusione dei lemmi (Ferreri 2005c). Più difficile è reperire fonti lessicografiche che aiutino a selezionare parole impiegate nei testi di studio indispensabili per la comprensione e l'apprendimento delle materie scolastiche e universitarie.

> Many vocabulary development programs utilize vocabulary lists of high-frequency words (Carroll, Davies, & Richman, 1971; Harris & Jacobson, 1972). These high-frequency lists typically do not focus on the vocabulary from academic subject areas taught in school, but these are the very words that be should be the focus of instruction in a vocabulary development program designed to enhance academic achievement (Baumann & Kame'enui, 2004:110).

Il docente deve costruire un percorso nel lessico che metta ogni allievo nelle condizioni di padroneggiare attraverso la lingua i contenuti che gli servono. Due esempi di ciò che può essere cercato da un insegnante (e da un discente) possono precisare le azioni da compiere nella compilazione dei dizionari. Per fare cogliere il significato del verbo *dormire*, il docente ha la necessità di offrire una prima serie di verbi che in italiano ricoprono l'aria del sonno. Una prima selezione mette in evidenza la focalizzazione della fase iniziale (*addormentarsi*), la duratività dell'azione (*dormire*), il suo completamento e il cambio di stato (*svegliarsi*). La presentazione dei tre verbi mette il discente nelle condizioni di configurare, per confronto e distinzione, la porzione di significato ricoperta da *dormire*. La lessicalizzazione delle fasi aspettuali, ove realizzata, o l'articolazione di una microarea semantica deve trovare nella rappresentazione anche alfabetica del lessico un modo per offrirsi all'apprendente. Si impara un verbo – ad es. *dormire* – esplorando i confini e i limiti del suo significato, evitando l'isolamento della parola singola, configurando una piccola area semantica e praticando una porzione di un campo semantico. La voce del dizionario deve permettere la ricostruzione dei legami più prossimi con i sinonimi, con gli opposti, con le gradazioni lessicalizzate.

La voce deve inoltre offrire le basi colte per il cui tramite si costruiscono le parole di un campo – *somn-* dal latino, *hypno-* dal greco – per dare conto delle parole che rinviano in diverso modo al dormire: *sonno*, *ipnosi* ecc. Si propone la parola da imparare *dormire* e la si immette in un ambiente in cui risuonano altre parole – *svegliarsi*, *risvegliarsi*, *veglia*, *addormentarsi*, *addormentato*, *addormentamento* ecc. comprese le qualificazioni dello stato di *sonno*: *quieto*, *tranquillo*, *agitato*, *leggero*, *profondo*…

Sono richieste soddisfatte dal dizionario pedagogico francese Picoche Rolland – come si può vedere dalle schermate parziali (Figg. 1 e 2) – che andrebbero assunte dai dizionari generali per costruire la rete degli intrecci di significato tra le parole di una lingua: reticolati che edificano porzioni di contenuti che assumono senso per tutti gli utenti.

Figura 1. Schermata di interrogazione del Dizionario Picoche Rolland. Lemma *DORMIR* (Prima parte).

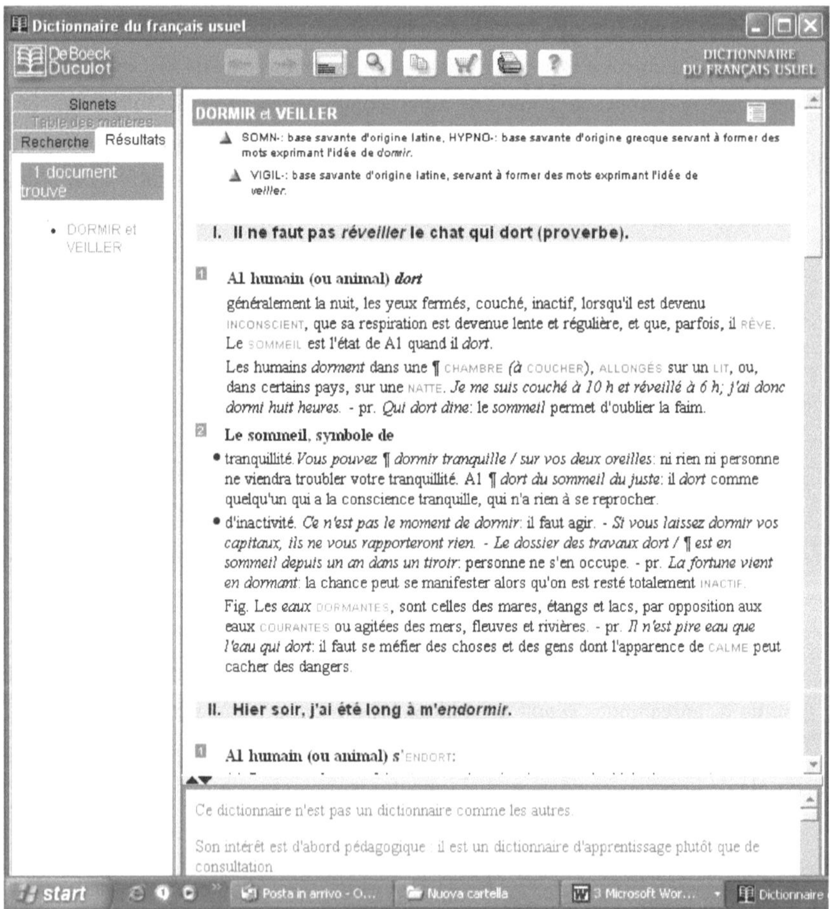

Figura 2. Schermata di interrogazione del Dizionario Picoche Rolland. Lemma *DORMIR* (Parte III).

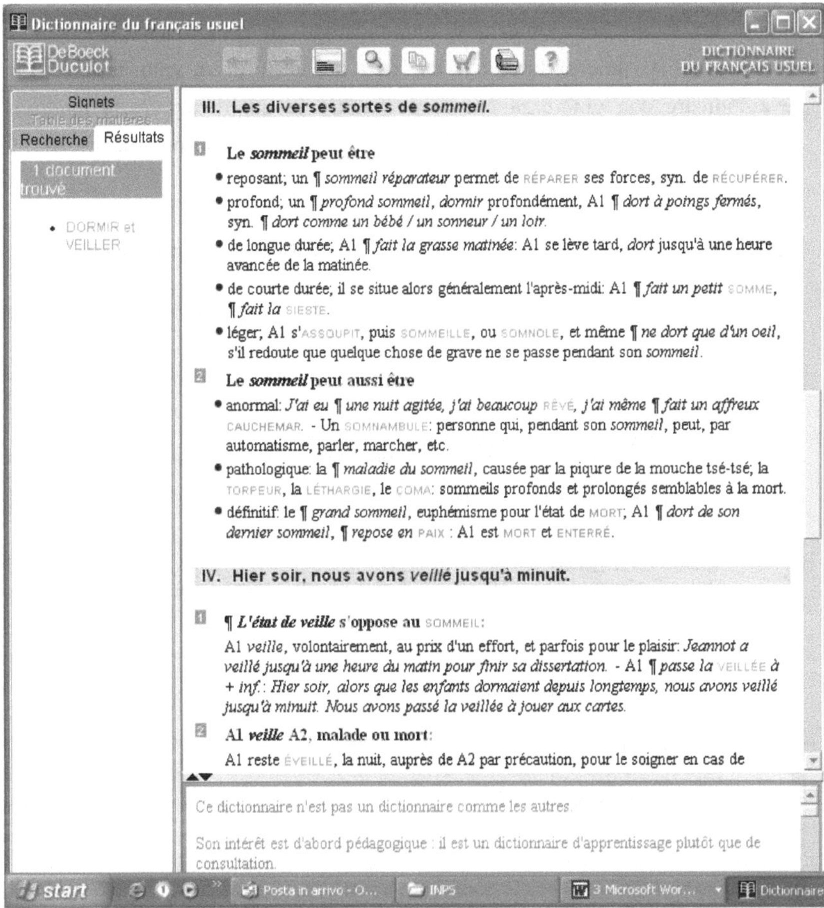

Alla ricerca di *dormir* il dizionario risponde con la coppia *DORMIR et VEILLER* e poi prosegue in un percorso in cui possono rintracciarsi gli elementi di interesse squisitamente connessi con un apprendimento qualitativo di una parola.

Un diverso e più intricato campo di ricerca per l'insegnante di italiano come lingua straniera è rappresentato dai livelli d'uso della lingua: parlare in modo comprensibile a tutti con le duemila parole del vocabolario di base è necessario, ma è altrettanto importante formulare con precisione terminologica un concetto nell'esposizione di un argomento di studio, o scegliere i termini più adatti ad un campo, un luogo, una situazione comunicativa, un canale, un interlocutore specifico. Se si vuole parlare della tendenza nel gusto di un vino, il dizionario deve indicare con chiarezza che si può usare la qualificazione di *amabile*. Questo avviene nel *GRADIT* che ha adottato le marche d'uso per specificare gli ambiti d'uso dei lemmi e delle loro accezioni.

Figura 3. Schermata di interrogazione del Dizionario GRADIT. Lemma amabile.

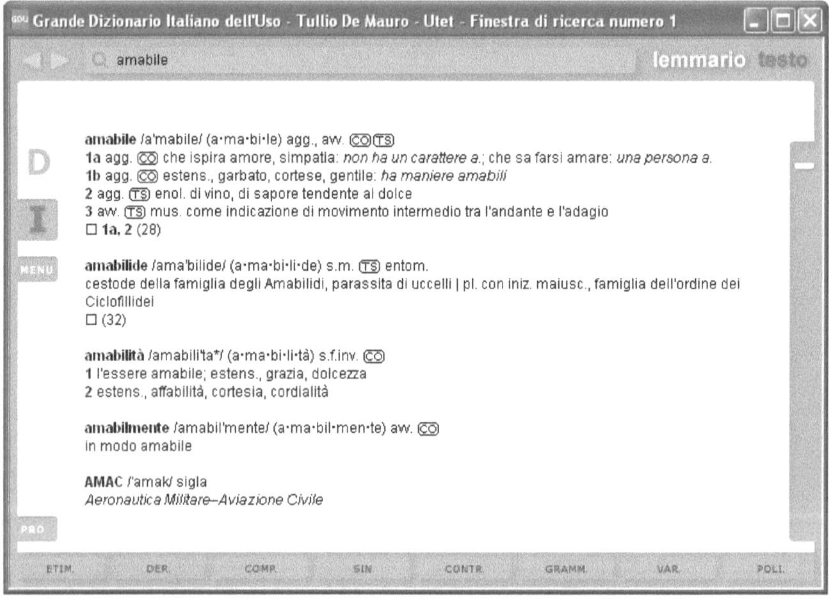

Per queste variazioni di stile, una sola parola non basta e non è sufficiente l'eventuale offerta di sinonimi o quasi sinonimi, prossimi come significato. Quel che serve è l'indicazione del livello d'uso di ogni singolo vocabolo come esito dell'attività locutoria dell'insieme dei membri di una comunità. La valutazione degli usi stratificatisi nel tempo dà il senso del valore che i parlanti assegnano ad un o ad un altro vocabolo. Non basta infatti sapere che *marea* ha come sinonimi *montagna, mare, sacco, fiume, casino, fottio* per lasciare all'arbitrio di una scelta l'offerta di un vocabolo come sostituente. Ogni parola infatti rinvia alla stratificazione degli usi collettivi che ogni comunità linguistica adotta nei suoi scambi: il senso più prossimo al contenuto da esprimere deve tenere nel debito conto la sedimentazione dell'uso che lega una parola ad uno strato sociale, ad un ambiente, ad un'età ecc. Le espressioni *ho una marea di figurine* o *ho un fottio di figurine* non sono propriamente equivalenti rispetto allo stile: non solo sono diversamente adatte agli ambienti, ma le espressioni stesse dichiarano il modo di porsi dei parlanti quanto ad età, grado di istruzione, sensibilità linguistica, autocontrollo ecc.

Un dizionario che voglia dare conto degli usi delle parole deve segnalare per ogni voce il suo status: vocabolo fondamentale e, dunque, frequente e usato o raro e obsoleto; tecnico-specialistico o di solo uso letterario; di area dialettale o regionale o esotica. Sotto questo profilo rispondono positivamente il *Gradit* (De Mauro 1999; II ed. 2007) e il dizionario dello stesso autore edito dalla casa editrice Paravia (De Mauro 2000). Nella operazione di ricostruzione dei rapporti delle parole tra loro sul piano dei significati e sul piano dell'appropriatezza d'uso i supporti elettronici rappresentano strumenti preziosi per estrazioni legate ad una o altra chiave di ricerca, a condizione che il lessicografo abbia previsto nella lavorazione delle voci un trattamento delle qualifiche di ogni lemma che ne evidenzi i caratteri specifici.

Assumere l'ottica del docente che cerca vie per l'insegnamento e l'apprendimento agevola il lessicografo nella messa a fuoco di ciò che deve entrare o uscire nella rappresentazione del lessico di una lingua: è un modo per orientare chi vuole insegnare a gestire assieme ai significati la varietà delle forme espressive, ma è anche un modo per consegnare al lettore di dizionari una chiave di ingresso più potente nella lingua e nella cultura di un Paese.

Riferimenti bibliografici

J. F. BAUMANN e E. J. KAME'ENUI.(a cura di) (2004), *Vocabulary Instruction*, New York – London, The Guilford Press.

T. DE MAURO (1999), *Grande Dizionario Italiano dell'Uso*, 6 voll., Torino, Utet.

T. DE MAURO (2000), *Il dizionario della lingua italiana*, Torino, Paravia.

T. DE MAURO (2002), *Il dizionario dei sinonimi e contrari*, Torino, Paravia.

T. DE MAURO e G. MORONI (1996), *Il DIB. Dizionario di base della lingua italiana*, Torino, Paravia.

T. DE MAURO e I. CHIARI (a cura) (2005), *Parole e numeri. Analisi quantitative dei fatti di lingua*, Roma, Aracne.

T. DE MAURO e S. FERRERI (2005), *Quantità dei lemmi nei dizionari*, in T. De Mauro e I. CHIARI (a cura) (2005), pp. 297-306.

N. C. ELLIS (1997), *Vocabulary acquisition: word structure, collocation, word-class, and meaning*, in N. Schmitt e M. McCarthy (a cura di) (1997), pp. 122-139.

S. FERRERI (2002), *Scegliere i sinonimi parlando e scrivendo*, in T. DE MAURO (2002), pp. 1092-1105.

S. FERRERI (2005), *Relazioni di senso e frequenza delle parole*, in A. L. LEPSCHY e A. R. TAMPONI (a cura di) (2005), *Prospettive sull'italiano come lingua straniera*, Atti del convegno *Italian as a Foreign Language*, London University College, Londra 28-29 novembre 2003, Perugia, Guerra, pp. 47-62.

S. FERRERI (2005b), *Fare i conti con le parole,* in M. VOGHERA, G. BASILE, e A. R. GUERRIERO, (a cura di), *E.LI.C.A. Educazione linguistica e conoscenze per l'accesso,* Perugia, Guerra, pp. 180-194.

S. FERRERI (2005c), *L'alfabetizzazione lessicale. Studi di linguistica educativa*, Roma, Aracne.

S. FERRERI (2006), *Parole tra quantità e qualità*, in I. TEMPESTA e M. MAGGIO (a cura di), *Linguaggio, mente, parole. Dall'infanzia all'adolescenza*, Milano, FrancoAngeli, pp.131-146.

F. J. HAUSMANN *et al.* (a cura di) (1989-1991), *Wörterbücher, Dictionaries, Dictionnaires. Ein internationales Handbuch zur Lexikographie. An international Encyclopedia of Lexicography. Encyclopédie internationale de lexicographie*, voll. I-III, Berlin – New York, Walter de Gruyter.

M. LEWIS (1993), *The Lexical Approach*, Hove (England), Language Teaching Publications.

W. E. NAGY 2003, *Teaching Vocabulary to Improve Reading Comprehension*, International Reading Association, Booklet edition (I ed. 1988).

I.S.P. Nation (1990), *Teaching and Learning Vocabulary*, Boston, Heinle & Heinle Publishers.

I.S.P. Nation (2001), *Learning Vocabulary in Another Language*, Cambridge, Cambridge University Press.

J. PICOCHE e J.-C. Rolland (2002), *Dictionnaire du français usuel*, Louvain-la-Neuve, De Boeck Duculot.

N. SCHMITT, *Vocabulary learning strategies*, in N. Schmitt e M. McCarthy (a cura di) (1997), pp. 199-227.

N. SCHMITT e M. McCarthy (a cura di) (1997), *Vocabulary: Description, Acquisition and Pedagogy*, Cambridge, Cambridge University Press.

S. A. STAHL (1999), *Vocabulary Development*, Brookline Books MA (I ed. 1998).

Giulio e Laura Lepschy
(University College London)

Lessico, semantica, pragmatica

Tradizionalmente i termini *vocabolario, dizionario,* e *lessico* si usano come sinonimi, o parasinonimi. Senza forzare l'uso comune De Mauro ha proposto di usare *lessico* per l'insieme delle parole di una lingua, *vocabolario* per le parole appartenenti a un'opera o alle opere di un autore, e *dizionario* per la rappresentazione, metalinguistica si potrebbe dire, delle parole di un lessico o di un vocabolario. *Lessicologia* e *lessicografia* sono ovviamente campi distinti, ma in entrambi i casi si occupano di *parole*, sia che si tratti, per la lessicologia, di oggetti mentali astratti, che appartengono al componente lessicale, nella *facoltà* del linguaggio, alla *langue*, alla lingua *interna*, sia che si tratti, per la lessicografia, di lemmi, di voci in un dizionario, di oggetti concreti, appartenenti alla *parole*, alla lingua *esterna*.

Riguardo a ciascuna parola chi usa un dizionario si aspetta normalmente di trovare come *si scrive* (e magari come si pronuncia), e *che cosa significa*, di trovare cioè indicato il significante e il significato; e magari altre categorie grammaticali, come il genere per i nomi, la classe verbale ecc.

Di solito si analizzano nel lessico (o nel dizionario) elementi semantici e grammaticali. Il nostro titolo vuole sottolineare l'importanza anche di *altri* elementi, di tipo *pragmatico*, che richiamano la polivocità bachtiniana, il dialogismo, la cinetica, la gestualità, gli atti linguistici, di cui può essere necessario tener conto nelle analisi lessicologiche e lessicografiche.

I dizionari a volte si distinguono per l'attenzione particolare che dedicano ad aspetti diversi delle loro voci. Uno fra i migliori è il *Migliorini* (1965, preceduto dal *Cappuccini-Migliorini* 1945, basato sul vecchio *Cappuccini* 1916), che eccelle per la sensibilità alle sfumature espressive e per la freschezza e originalità con cui presta ascolto all'uso reale, invece di trasmettere stancamente un'eredità ormai invecchiata. Fra i moderni troviamo eccellenti opere innovatrici anche nel metodo. Ricordiamo l'ammirevole *Sabatini-Coletti* (1997 e 2003), che ha introdotto una ricca analisi di strutture frastiche e di legami testuali nella trattazione dei suoi lemmi, e il *De Mauro*, sia il *Gradit* (1999) sia il monovolume (2000), che si distinguono per la ricchezza del lemmario (generosissimo di termini scientifici), per l'inclusione di polirematiche (cioè di espressioni il cui senso non è ricavabile dalle singole parole componenti), e per la sistematicità con cui vengono utilizzate nell'analisi lessicologica le marche d'uso.

I dizionari moderni tendono a ridurre la separazione fra parole e morfemi, fra parole e frasi, tra frasi fatte, frasi idiomatiche e frasi in senso propriamente sintattico. Ciò ha qualche conseguenza anche sulla presenza o assenza di una voce nel lemmario, cioè sulla decisione di includere o non includere un lemma. Citeremo un esempio. Abbiamo avuto occasione di recente di accennare alla questione dell'*ineccepibilità* delle leggi fonetiche, molto discussa al tempo dei neogrammatici, o meglio sulla presenza o assenza di un lemma per designarla. Il termine tedesco è *Ausnahm(s)losigkeit der Lautgesetze*. L'espressione inglese è *Exceptionlessness*, e si trova nei manuali, per esempio Joseph & Janda (2003: 315). Ma non è registrato nell'*Oxford English Dictionary*. Naturalmente i lessicografi devono fare delle scelte: nell'*OED* c'è una voce dedicata al suffisso *–ness* in cui si trovano alcune parole che compaiono anche col loro lemma separato (per esempio *selfconceitedness* 'presuntuosità'), e altre che, giustamente, non hanno un loro lemma, come *dislike-to-getting-up-in-the-morningness*, da una lettera di George Eliot del 1853.

Non è solo l'aspetto grammaticale e semantico che può influire sulla presenza o assenza di una parola, e sulla sua configurazione in un dizionario. A volte sembra che possano entrare in gioco anche considerazioni di linguistica testuale, di teoria degli atti linguistici, e di tutta quell'area, fra semantica e pragmatica che di recente è stata molto coltivata e che viene designata col termine *politeness* e parole analoghe in varie lingue (*Höflichkeit*, *politesse,* cortesia, buone maniere, buona educazione, e prima la 'civil conversazione', il 'galateo', ecc.).

Vorremmo illustrare queste considerazioni soffermandoci su due parole che sembrano molto semplici e banali, ma di fatto si rivelano per vari aspetti, piuttosto problematiche nella loro cronologia, nel loro uso e significato, e in generale dal punto di vista lessicologico e lessicografico. Queste due parole sono *grazie* e *prego*.

La prima sorpresa è che queste due parole, così comuni e banali, non hanno un loro lemma nei vocabolari italiani fino al Novecento. Oggi il parlante non pare esser neppure cosciente del fatto che *grazie* è il plurale del sostantivo femminile *grazia*, e *prego* (a parte l'uso letterario come sostantivo maschile: *il prego = la preghiera*) è la prima singolare del presente indicativo di *pregare*. Risulta facile controllare se queste due parole mancano come lemmi indipendenti, ma non altrettanto appurare se siano introdotte nell'esemplificazione all'interno delle voci *grazia* e *pregare* rispettivamente.

La parola *grazie* compare, all'interno della voce *grazia*, nella prima edizione del *Fanfani* (1855) nelle frasi "*Dire le grazie*, Recitare il rendimento di grazie ordinato dalla Chiesa a' cherici", e "*Far grazie*, e *Render grazie*, Ringraziare", e "*Grazie*, modo di ringraziare altrui". E nella seconda (1865) e nella terza edizione (1891) troviamo anche "Per atto di ringraziare si dice poi: *Grazie, Grazie tante*, e *Tante grazie*". Espressioni simili anche nel *Rigutini-Fanfani* (1875). Nel *Petrocchi* (1899) si trova addirittura il lemma *Grazie*, con rinvio alla voce *Grazia* in cui si trova l'esempio "*Grazie!* Formola di ringraziamento". Il *Nuovissimo Melzi* (abbiamo consultato una copia senza data, ma con timbro di biblioteca del 1900) s.v. *Grazie* annota "*inter.* Modo di ringraziare" e "*s.f.pl.* Ringraziamenti". Notiamo che nel *Migliorini* (1965) c'è una buona illustrazione di questi usi di *grazie*, ma sempre all'interno della voce *grazia*. Teniamo presente anche che oltre al femminile plurale (*tante grazie*) troviamo anche il maschile singolare (*un grazie affettuoso*) di tipo metalinguistico, come per designare un *atto linguistico*. Nel *Tommaseo-Bellini* s.v. *grazia* § 42 *un grazie*; § 43 "Mod. Di ringraziamento Ell. (sottint. *Vi rendo*) grazie del dono".

Quanto alla prima attestazione di *grazie*, sia nel *Sabatini-Coletti* (2003), sia nel *De Mauro* (1999 e 2000) abbiamo la data 1801, presumibilmente basata sul *Battaglia* (vol. VII, 1972, s.v. *grazie*), che rinvia a una lettera del Foscolo ad Antonietta Fagnani Arese del luglio/agosto 1801: "Oh! E adesso sento ch'io t'amo, e che ti devo amare eternamente. Grazie, celeste creatura, grazie. Ho coperta di baci la tua lettera, e l'ho bagnata di lagrime riconoscenti" (Ediz.Naz. vol. XIV, 1909, p. 209).

Si può dubitare che questa del Foscolo sia la prima volta in cui *grazie* viene usato secondo l'uso moderno, ormai distaccato dal latino *gratias agere* e dall'italiano *rendere grazie*. Per esempio, pare difficile separare dall'uso italiano il veneziano di Goldoni, in cui leggiamo "Grazie, riceverò le so grazie" (Buona Madre, II, 16.35); "Grazie a vussustrissima" (Bugiardo, I.10.31); "Compri che pago io./-Grazie, patron" (Campiello, I.6.5); "Grazie, sior cavalier / de tanta cortesia" (Fondazione de Venezia, VI.4) e altri esempi citati nel vocabolario goldoniano di Folena (1993: 272-3).

Quanto alla parola *prego*, pare che il primo dizionario ad offrirla come *lemma* sia la terza edizione del *Panzini* (1918); essa manca ancora nella prima (1905) e nella seconda (1908) edizione. La glossa del Panzini è "risposta di prammatica a *grazie*". Il *Sabatini-Coletti* (2003) e il *De Mauro* (1999 e 2000) danno come prima attestazione il 1868, cioè presumibilmente il volume del *Tommaseo-Bellini* con la voce *pregare* (p. 1185): "Motto di cortesia o cerimonia, più o meno sommesso o sincero [T] Ti prego, abbimi scusato. – Lo prego a scusarmi. – Scusi, prego. Ellissi di cortesia, a chi s'invita a sedere o prender cosa offerta, o a smettere parole di cerimonia: *Prego*".

Anche in altri dizionari ottocenteschi (ma successivi al *Tommaseo-Bellini*) troviamo, all'interno della voce *pregare*, usi analoghi di *prego*. Va notato peraltro che questo *prego* non è la normale risposta a *grazie*, ma una battuta di apertura. Precedentemente si trova *Prego* e *Di grazia* come formule equivalenti al tedesco *ich bitte* (per esempio nella *Grammatica italiana* di G.B. Moscherosch, Francoforte 1681). Scorrendo alcuni romanzi e testi teatrali ottocenteschi non abbiamo trovato esempi dello scambio *grazie – prego* che nel Novecento appare quasi obbligato come formula di cortesia (*prego*, come osserva Panzini, è appunto la risposta di prammatica a *grazie*). Gli esempi ottocenteschi sembrano riferirsi prevalentemente al *prego* come invito a servirsi, o ad accomodarsi – facendo pensare che esso sia accompagnato da un appropriato gesto di offerta. E l'accoppiata pare essere *prego – grazie*, piuttosto che *grazie – prego*.

Questo ci ricorda che lo studio della gestualità può comparire fra le discipline che richiedono di essere utilizzate nell'analisi del lessico, come osserva Nicola De Blasi in un recente contributo agli Atti del convegno napoletano su *La letteratura del mare* (2006: 425-51). Il saluto *ciao* (da *sclavus,* veneziano *s-ciao*) riceve in *De Mauro* e *Sabatini-Coletti* la data 1905, e compare infatti nella prima edizione del Panzini. Il *DELI* (1999) offre una ricca bibliografia, con una documentazione che risale a Goldoni in cui compare la forma *schiao* (pronunciata *s-ciao*). De Blasi segnala un'opera buffa napoletana del 1709 (*Patro' Calienno de la Costa,* di Niccolò Corvo) in cui si trova una precoce attestazione del saluto veneziano *sciavo* (qui con fricativa palatale iniziale), che, secondo De Blasi si riferisce a un *gesto* più che a una parola, come si vede dall'espressione 'fare ciao' (piuttosto che 'dire ciao'). Il gesto 'per salutare' viene illustrato nella *Mimica* del De Jorio (1832), ed è di fatto analogo al gesto dello 'schiavo'. Corrispondenza suggestiva, e che si rivela pertinente anche per le indagini lessicografiche.

Riferimenti bibliografici

S. BATTAGLIA, *Grande dizionario della lingua italiana*, Torino, Utet, 1961-2002.

G. CAPPUCCINI - B. MIGLIORINI, *Vocabolario della lingua italiana*, Torino, Paravia, 1945.

G. CAPPUCCINI, *Vocabolario della lingua italiana*, Torino, Paravia, 1916.

M. CORTELAZZO - P. ZOLLI, *Dizionario etimologico della lingua italiana* [*DELI*], Bologna, Zanichelli, 1999[2].

N. DE BLASI, *La lingua attraverso il mare: indizi letterari e vicende lessicali (con il caso particolare di 'ciao'),* in Aa. Vv, *La letteratura del mare* (Atti del Convegno di Napoli, 13-16 settembre 2004), Roma, Salerno, 2006, pp. 425-51.

A. DE JORIO, *La mimica degli antichi investigata nel gestire napoletano*, Napoli, Fibreno, 1832.

T. DE MAURO, *Grande dizionario italiano dell'uso*, Torino, Utet, 1999.

T. DE MAURO, *Dizionario della lingua italiana*, Torino, Paravia, 2000.

P. FANFANI, *Vocabolario della lingua italiana,* Firenze, Le Monnier, 1855, 1865[2], 1891[3].

G. FOLENA, *Vocabolario del veneziano di Carlo Goldoni*, Roma, Istituto della Enciclopedia italiana, 1993.

B.D. JOSEPH - R.D. JANDA (eds), *The Handbook of Historical Linguistics*, Oxford, Blackwell, 2003.

G.B.MELZI, *Il nuovissimo Melzi*, Milano, Vallardi [senza data - ma con timbro di biblioteca del 1900].

B. MIGLIORINI, *Vocabolario della lingua italiana*, Torino, Paravia, 1965.

J.B. MOSCHEROSCH, *Grammatica Italiana*, Franckfurth, H. von Sand, 1681.

A. PANZINI, *Dizionario moderno: supplemento ai dizionari italiani*, Milano, Hoepli, 1905, 1908^2, 1918^3.

P. PETROCCHI, *Novo dizionario della lingua italiana*, Milano, Fratelli Treves, 1899.

G. RIGUTINI - P. FANFANI, Vocabolario della lingua italiana parlata, Firenze, Tipografia cenniniana, 1875.

F. SABATINI - V. COLETTI, *Dizionario italiano Sabatini Coletti*, Firenze, Giunti, 1997.

F. SABATINI - V. COLETTI, *Il Sabatini Coletti: dizionario della lingua italiana*, Milano, Rizzoli-Larousse, 2003.

N. TOMMASEO - B. BELLINI, *Dizionario della lingua italiana*, Torino, Unione Tipografico-Editrice, 1861-1879.

Max Pfister
(Universität des Saarlandes)

La ricerca etimologica di oggi: chiappa, scàmpolo, scappellotto

Questi problemi etimologici mi permettono anche di presentarvi il LEI, cominciato 38 anni fa. Lo scopo del LEI: il LEI è il primo dizionario di base che prende in considerazione sistematicamente la lingua italiana scritta e i suoi dialetti dalle origini fino ai nostri giorni. Questo vocabolario etimologico colloca inoltre il lessico italiano nel quadro delle lingue romanze, attraverso uno sguardo ad ampio raggio sui contesti geolinguistici e socioculturali delle lingue neolatine; scopo ultimo è la ricostruzione della storia linguistica di ogni parola. Ogni articolo comprende una parte contenente la documentazione ordinata, un commento secondo criteri etimologici, storico-linguistici e storico-geografici, indicazioni bibliografiche e note. La sezione contenente i materiali distingue forme con sviluppo popolare (I), forme dotte e semidotte (II) e prestiti da altre lingue (III).

Cominciamo da *chiappa.*

Quando si affronta un problema etimologico la prima cosa per il redattore è la presentazione del materiale:

2.a^1.β. 'parti simmetriche del corpo umano (natica)'

It. **chiappa** f. 'nàtica' (dal 1483, Pulci, B; Renda,MiscTassoniana 318[48]; Nemnich 1,364; Corso; PF 1992; "pop." DISC; "pop." Zing 2006)[49], ast.a. *ciappe* pl. (1521, AlioneBottasso), ven.a. *chiape* (1460ca., GlossHöybye,SFI 32), piem. *ciapa* f. (ante 1788, IslerGandolfo; Levi)[50], *ciapa* (*del cul*) (Capello – DiSant'Albino), APiem. (Vico Canavese) *ćápa* (p.133), Villafalletto *ćápa* (*dal kýl*) (p.172), b.piem. (vercell.) *ciapa* Vola, viver. *ćápi* pl. (Nigra,MiscÀscoli 248), *ciapa* f. Clerico, valses. *ciappa* Tonetti, gattinar. ~

[48] Secondo il Tassoni è "voce lombarda".

[49] Cfr. il sopranome sen.a. *Maiestro Gian Ciapanera* (1263, ProsaOriginiCastellani 342,174).

[50] Cfr. prov. *clapas* f.pl. 'les fesses' (FEW 2,737).

Gibellino, Monte *ciàpa* Battezzati, lomb. *chiappa* (1565, DagliOrziTonna), novar. (galliat.) *ciap* (*dal cü*) pl. BellettiGrammatica 43, Oleggio *ćápa* f. Fortina, ossol.prealp. (vallanz.) *ćápa* Gysling, ossol.alp. (Antronapiana) *ćápa* (p.115; Nicolet), lomb.alp.occ. (Cóimo) *č́ápa* Iannàccaro, tic.alp.occ. (Cavergno) *ćáp du č́ǘ* VSIMat, Comologno *ciapp* f.pl. LuratiCultPopDial, valverz. *ćápa* f. Keller-2, tic.alp.centr. (Bedretto) ~ Lurati, Biasca *ciàpa* Magginetti-Lurati, tic.prealp. (Pieve Capriasca) *ciapa* Quadri, tic.merid. (Ligornetto) *ćápa* (p.93), lomb.alp.or. (Novate Mezzola) *ciapa* Massera, Tàrtano ~ Bianchini-Bracchi, Montagna in Valtellina *ciàppa* Baracchi, Tirano ~ Bonazzi, Cepina *klápa* (*del kúl*) (Longa,StR 9), lomb.occ. *ćáp* pl., com. *ciàpa* f. MontiApp, mil. *ciàppa* Cherubini, *ciâpa* Angiolini, Bienate *ćā́pi* pl. (p.250), vigev. *ciàpa* f. Vidari, aless. ~ Jachino, ~ (*dar cu*) Prelli, lodig. ~ Caretta, lomb.or. ~ (*del cül*) Tiraboschi, crem. ~ Bombelli, cremon. *ciappa* Lancetti, *ciàpa* (Oneda; Taglietti), bresc. ~ (Melchiori; Rosa), valvest. *ćápọ* (Battisti,SbAWien 174.1), trent.occ. *ciàpä* Bazzani-Melzani, mant. *ciappa* Cherubini 1827, *ciape* pl. Arrivabene, *ciapa* Bardini, pav. *ciàpa* Annovazzi, pav.or. *ćápa* (Galli-Meriggi,VR 13), vogher. ~ Maragliano, Fiorenzuola d'Arda *ćápa* (Casella,StR 17), parm. *ciapa* Pariset, emil.occ. (guastall.) ~ Guastalla, regg. *ciàppa* VocAnon, mirand. ~ Meschieri, moden. *chiàppa* (1570, PincettaTrenti), *ciappa* (*d' cul*) Marri, Sologno *č́ápa* (p.453), lizz. ~ (Malagoli,ID 6,169), lunig. (Filattiera) *ćápa* Pagani, romagn. *ciapa* Ercolani, faent. *ciapa* (*d' cul*) Morri, Saludecio *č́ápa* (p.499), march.sett. (metaur.) *chiappa* Conti, cagl. *kyáppa* Soravia, venez. *chiape* pl. Boerio, ven.merid. (vic.) *ciape* Pajello, *ciàpa* f. Candiago, Val d'Alpone ~ Burati, poles. ~ Mazzucchi, ven.centro-sett. (vittor.) ~ Zanette, Ponte nelle Alpi *ćápe* (*dẹl kúl*) pl. (p.336)[51], triest. *ciapa* f. (Pinguentini; DET), ven.adriat.or. (Zara) ~ Wengler, ver. ~ (Patuzzi-Bolognini; Beltramini-Donati), trent.or. (tasin.) ~ Biasetta, lad.ven. (agord.) *ćápa* RossiVoc, zold. *ciàpe* pl. Gamba-DeRocco, lad.cador. (oltrechius.) *ciàpa* f. Menegus, Campolongo *ćápa* DeZolt, fior. *χyáppẹ* pl. (p.523), *chiappa* f. Camaiti, Incisa *χyáppe* (*diy kúlo*) pl. (p.534), garf.apuano (Gragnana) *č́ápa* f. (Luciani,ID 40), carr. ~ ib., *ćápa* ib.,

[51] Cfr. friul. *clàpe* 'natica' PironaN.

lucch-vers. (Camaiore) *čápę (dęl kúlǫ)* pl. (p.520), pis. *yáppa* f. (Malagoli,ID 13,69), *chiappa* ("volg." Malagoli), elb. *kyáppa* ("volg." Diodati), corso *chjappa* Falcucci, cismont.or. (balan.) *chiappa* Alfonsi, cismont.occ. (Èvisa) *chjappa* Ceccaldi, Maremma Massetana (Scansano) *kyáppa* (Longo-Merlo,ID 19), grosset. ~ (Fanciulli,ID 44), amiat. (Santa Fiora) ~ (Longo-Merlo,ID 19), chian. (Chiusi) *chiappe* pl. Barni, Trasimeno (Castiglione del Lago) *chiappa* f. Serafini, perug. ~ Catanelli, cort. (Val di Pierle) *kyáppa* Silvestrini, ancon. *chiapa* Spotti, macer. *chjàppa* GinobiliApp 3, umbro merid.-or. (valtopin.) *chjappa* VocScuola, spell. *chiappe* pl. (PassioneUgoccioni,ContrFilItMediana 4,187,218), laz. centro-sett. (Nemi) *čáppa* (p.662), Subiaco *yáppa* (Lindström,StR 5), Serrone *ǧáppa (dęłǫ gū́lo)* (p.654), velletr. *ciàppa* ZaccagniniVoc, it.reg.roman. *chiappa* (ante 1975, Pasolini, Bruschi,ContrDialUmbra 1.5), roman. ~ (ante 1863, VaccaroBelli), cicolano (Tagliacozzo) *čáppe* pl. (p.645), aquil. (Arìschia) *ǧáppa* DAM, abr. *čáppə* ib., abr.or.adriat ⌜*čęppə*⌝ ib., gess. *chiàppe* Finamore-1, abr.occ. (Bussi sul Tirino) *čā́ppa (də kúlə)* f. DAM, laz.merid. (Castro dei Volsci) *kyáppa* (Vignoli,StR 7), Amaseno ~ Vignoli, nap. *chiappa* (1699, Stigliola, Rocco – Volpe), dauno-appenn. (Lésina) *kyępə* Carosella 567, Margherita di Savoia *chjäppe* Amoroso, àpulo-bar. (minerv.) *chjappe* ("volg." Campanile), tarant. *čáppə* Gigante, luc.nord-occ. *čápp* Bigalke, Picerno *kχáppa (rə kū́lə)* (p.732), luc.-cal. (San Chìrico Raparo) *čáppə (ri kū́lu)* (p.744), salent.centr. *chiàppa* VDS, salent.merid. (Castrignano dei Greci) ~ ib., cal.centr. ~ NDC, cal.merid. ~ ib., Roghudi *čáppa (tu kū́lu)* (p.792), sic. *chiappi* pl. (1751, Del Bono, VES), *chiappa* f. (Biundi; Traina; Gioeni; VS), messin.or. (Mandanici) *čáppa (ti kū́lu)* (p.819), niss.-enn. (Catenanuova) *cchiappi (dô culu)* pl.; AIS 136cp.

Sign.spec.: tic.alp.centr. (Bedretto) *čápa* f. 'coscia' Lurati; lomb.occ. (com.) *ciàpa* 'anca' Monti; abr.occ. (Ovìndoli) *čáppa* 'lombo, regione lombare' DAM.

Àpulo-bar. (bitont.) *chiàppe* f. 'mento; mandibola' Saracino.

Il secondo passo è costituito dall'esame delle ipotesi etimologiche espresse già da altri. Un ottimo riassunto si legge nel DELIN 329. Quanto alla tesi di Prati ... che pensa a un derivato di *chiappare* 'prendere' < *capulare* vale l'obiezione di Cortelazzo: «Senza però spiegare il passaggio semantico»". It. *chiappare* < *capulare* 'prendere' costituisce nel LEI un'altra grande famiglia lessicale ma separata nettamente da *kap(p)* 'tagliare'. L'opinione del DEI – continuazione del lat. *căpula* 'coppa' – sarebbe possibile per la fonetica, ma non difendibile per la semantica.

Riferendomi alla spiegazione di Cortelazzo "uso metaf. di *chiappa* 'roccia, sporgenza rocciosa'", direi che esistono anche qui problemi semantici: *chiappa* 'roccia' sarebbe molto vicino a *chiappa* 'lastra di pietra' proposta da Alessio con allusione alla berlina su cui si culattava il debitore insolvente, con la spiegazione "derivato dall'uso antico (anche a Firenze) per cui coloro i quali fallivano, andavano nella piazza del mercato, dov'era una gran lastra di marmo e quivi posavano tre volte il culo a vista del popolo radunato". Noi proponiamo una soluzione diversa, che semanticamente pare più convincente: la spiegazione di *chiappa* come 'forma in due parti simmetriche' che trova vari paralleli, come p.es. per la conchiglia bivalve (2.a.^{1}.δ.), 'l'uovo sodo fesso' (2.a.^{1}.δ.^{2}), o 'coppia di fichi tagliati a metà' (2.a.^{1}.γ.)

Seguono gli esempi di

2.a^1.γ. 'parti (piatte o simmetriche) di vegetali'

Sic.a. **chappa** (*di fiki*) f. 'piccia di fichi, coppia di fichi tagliati a metà, seccati e uniti per la polpa' (1519, ScobarLeone), cal.merid. *chiappi* (*i fica*) pl. NDC, sic. *chiappa* (*di ficu*) f. (1751, Del Bono, VES; Biundi; Traina; Gioeni; VS), *cciappa* (Trischitta, VS), messin.-or. (Barcellona Pozzo di Gotto) *cchiappa* VS, messin.occ. *cciappa* ib., catan.-sirac. *cchiappa* ib., Bronte *cciappa* ib., sic.sud.-or. (Vittoria) *č̆áppa* Consolino, Gela *cchiappa* VS, niss.-enn. ~ ib., *cciappa* ib., piazz. *chiàppa* Roccella.

It. *chiappe* f.pl. 'pezzi di frutta' (Oudin 1640 – Veneroni 1681); piem. *ciapa* (*d' poum*) 'quarta parte di un frutto' (Capello; DiSant'Albino); ~ 'fetta di un frutto' DiSant'Albino; gallo-it. (Picerno) *č̆ápa* (*rə mẹ́lə*) 'spicchio' (AIS 1266cp., p.732).

Piem. *ciape* (*d' nona*) 'pesche tagliate a fette e disseccate nel forno o al sole' (Capello; DiSant'Albino).

Piem. *ciape* (*d' brigne*) 'prugne secche' Zalli 1815.

Gallo-it. (Picerno) *č́ápa* f. 'mezzo gheriglio' (AIS 1300cp., p.732), Tito *lu fắgu nášše a č́č́áppa* 'il faggio nasce da un seme composto di due parti' Greco; tic.merid. (Mèride) *ciapa* 'i due spicchi di noce uniti' VSIMat.

Emil.occ. (mirand.) *ciappi* (*d' pom, d' pirr, d' pèrsagh*) f.pl. 'frutta secca' Meschieri.

Sic. *chiappa* f. 'vegetali di forma piatta (fave, carrubbe e simili)' (1785, Pasqualino, VES).

2.a¹.δ¹. 'uovo sodo fesso'

B.piem. (valses.) **ciappa** f. 'la metà dell'uovo sodo' Tonetti, lomb.occ. (vigev.) *ciàpa* Vidari, lodig. ~ Caretta, lomb.or. (cremon.) ~ (Oneda; Taglietti), vogher. *ćápa* Maragliano.

It.reg.lomb. *chiappe* f.pl. 'uova sode (spaccate)' (ante 1910, Dossi, Isella), lomb.occ. (mil.) *ciàpp* (Cherubini; Angiolini), aless. *ciapp* Prelli, lomb.or. (berg.) *ciape* Tiraboschi, pav. *ciàp* Gambini.

Sintagmi: piem. *ciapa d'euv* 'fetta (d'uovo)' Capello; lomb.or. (berg.) *ciapa d'öf* 'uovo sodo fesso' Tiraboschi; mant. *ciappa d'oeuf* 'la chiara delle due parti delle uova sode' Cherubini 1827, *ciape d'oef* Arrivabene.

Lomb.occ. (mil.) *oeuv in ciapp* 'uovo sodo fesso' Cherubini, lomb.or. (crem.) *of an ciàpa* Bombelli, cremon. *ôf in ciappa* Bombelli, *ọ́f in ćápa* Oneda.

Novar. (Oleggio) *ćáp* m. 'metà dell'uovo sodo' Fortina.

Emil.occ. (parm.) *s'ciapa d'oèuv* f. 'spicchio d'uovo sodo' Malaspina, *s-ciäpa d'oeuv* Pariset.

2.a¹.δ². 'conchiglie bivalve'

Ancon. **chiapa** f. 'mollusco univalve (natica millepunctata)' Spotti.

Abr.or.adriat. (Ortona) *kyáppə d óštrə* 'òstrica' (Giammarco,QALVen 2,127).

Derivato: lig.gen. (savon.) **ćapẹ́la** f. 'conchiglia attaccata agli scogli presso la riva' VPL.

Tutti questi esempi presentano due parti simmetriche nella loro metà divisa in due. Già von Wartburg (FEW 2,737b) interpreta Nice *esclapa* 'natica' con 'fesso' spaccato in due'. Anche la *cappa(lunga)* 'nome di diverse specie di molluschi bivalvi marini' non va sotto *cappa* 'mantello' (DELIN 292) ma sotto *capp-* (1.a.^{1}.δ.)

1.a^{1}.δ. 'animale (conchiglia bivalve)'

It. **cappa** f. 'nome generico di mollusco con conchiglia bivalve (genere Cardium)' (dal 1519, Leonardo, B; VLI; PF 1992; DISC; Zing 1999), *cape* pl. Alunno 1551, ven.a. ~ (sec. XIV, HeiligenlegendenFriedemann 168), *cappa* (1452, SavonarolaMNystedt-2), *cape* pl. (1525, Pigafetta, Busnelli,SLeI 4,11), venez.a. *chape* (*menude*) (1490, PortolaniRizo, Kahane-Bremner), pad.a. *capa* f. (fine sec. XIV, SerapiomIneichen; prima del 1460, SavonarolaM, Gualdo 197; 1490ca., MacaroneePaccagnella), it.sett. *cappe* pl. (ante 1548, MessiSbugo, Catricalà,SLeI 4,202).

Ven.a. *cape longue* f.pl. 'tipo di mollusco dalla conchiglia a punta e molto allungata (gen. Solen)' (1525, Pigafetta, Busnelli,SLeI 4,11), it. *cappa lunga* (ante 1552, Giovio, Rossi,SLeI 6,134; sec. XVI, Scappi, ib. 134; ante 1589, Garzoni, B; dal 1940, Penso,BPPI 16 s.v. *Solen*; VLI 1987), *cappa longa* (Florio 1598; ib. 1611), *capa longhe* pl. Oudin 1643, *cappalunga* (dal 1906, Tommasini; VLI; PF 1992; Zing 2000), it.reg.ven. *cape longe* pl. (1593, Moryson, Cartago), ven. *cape longhe* (sec. XVI, Rossetti, Rossi,SLeI 6,134), ven.lagun. (venez.) *cape longue* (1534, Pigafetta, Sanvisenti,RIL 75)[52], *cappa longa* (1569, Fernández,TermMarinMedit 151.

Torniamo alla voce *chiappa* 'natica' (2.a^{1}.β.). La voce *chiappa* 'natica' come metafora di 'cio che è tagliato in due' nasce nel Quattrocento. Per la ricerca etimologica è fondamentale la prima attestazione: per il DELIN e il DEI essa è costituita da *chiappa* (ante 1484, Luigi Pulci); possiamo anticiparne la nascita con il ven.a. *chiape* f.pl. 'natiche' (1460ca., GlossHöybye,SFI 32), che antedata questa voce di due decenni.

---

[52] Cfr. it.sett. *capra* 'mollusco marino (Mytilus edulis L.)' (ante 1557, RamusioMilanesi 2,880). Traduzione erronea di Ramusio del fr. *caspres longues*; cfr. RamusioMilanesi 2,880 n 2.

Decisivi per la nuova etimologia mi paiono i casi paralleli di conchiglia bivalve, uovo sodo fesso e coppia di fichi tagliati a metà, immagini che ricordano le parti simmetriche e che confermano la semantica di questa etimologia. Quanto al ravvicinamento di Cortelazzo a *chiappa* 'sporgenza rocciosa' è necessario spiegare l'etimologia di questa voce. "Per *chiappa* 'roccia, sporgenza rocciosa' Cortelazzo-Zolli partono da una base ignota ("etim. incerta") di orig. preindeur., seguendo Alessio (DEI 892: base mediterranea **clapp-* 'sasso'); cfr. anche sardo (Bitti) *cáp(p)ída* 'dirupo' (DES 1,443). HubschmidAlpenwörter 12 considera **klappo* 'roccia' come retroformazione da **klapp-* 'tagliare' appoggiando Jokl (VR 8,200) che confronta prerom. **klappo* con voci slave che significano 'pezzo tagliato'".

Non è escluso però che questo *klapp-* 'pietra' stia anche in relazione con *klappa* 'trappola' di pietra piatta che cada e schiacci l'animale nel momento in cui l'esca viene tolta.

La voce *scámpolo*

Anche il secondo problema etimologico, cioè la voce *scámpolo* 'resto di stoffa', entra in questa famiglia lessicale preromanza **capp-/*clapp-*.

Prima il materiale: sotto 1.[1] *capulare* è posta la sottocategoria semantica **1[1].a[1].** 'ciò che è tagliato'.

1.a[1].ε[1]. 'pezzo di stoffa; scàmpolo'

Gen.a. **scaperoni** pl. 'vanzi di stoffa, scàmpoli' (1459, LivreComptesPiccamiglioHeers 221,24)[53], gen. *scapparon* m. Casaccia, APiem. (castell.) *skaparúŋ* (Toppino,ID 1,153), b.piem. (monf.) *scaparun* Ferraro, lomb.occ. (aless.) *scaparón* Parnisetti.

B.piem. (vercell.) **scaparôt** m. 'scampolo, ritaglio di stoffa' Argo.

Àpulo-bar. (Canosa di Puglia) **cap-sciol** m. 'fettuccia di cotone, nastro' Armagno.

Con geminata dissimilata

[53] Cfr. sardo (campid.) *skapparọ́ni* m. 'avanzo di stoffa' (Wagner,AR 16,142).

Sen.a. **scampolo** m. 'avanzo di una pezza di stoffa' (1298, Edler), lucch.a. *iscanpori* pl. (sec. XIV, ib.), it. *scampolo* m. (dal 1456, Chellini, B; Zing 2006), ecc.

Se partiamo dalla geminata ⌜*cappolo*⌝ con *s-* prefissato ⌜*scappolo*⌝ abbiamo con *scampolo* una dissimilazione di geminate come cal. *sumpurtari* 'sopportare'; se invece la base fosse ⌜*scapolo*⌝ si tratterebbe dell'epentesi di una nasale (RohlfsGrammStor § 334).

Cortelazzo nel DELIN 1455 scrive: "etim. incerta: o da *scampare* 'sfuggire', quindi 'ciò che è sfuggito, rimasto' (per altre ipotesi si veda il VEI), o dal prov. *escápol*, da *escapolar* 'sgrossare, tagliare', che si rifarebbe a un lat. tardo *capulāre* (AlessioPostille)". La proposta di *scampare* 'sfuggire' mi pare impossibile per ragioni semantiche. La base *capulāre* è foneticamente accetabile, ma non lo è il verbo attestato *capulāre* 'pigliare'. Dobbiamo partire dal derivato in *–ulare* da *cap*(*p*)- 'tagliare' da cui proviene anche l'occit.a. citato *escapolar* 'tagliare'.

La voce *scappellotto*

Passiamo all'ultima voce *scappellotto* 'leggero scapaccione dato in modo confidenziale'. Ecco il materiale che nel LEI verrà esposto sotto *capp-*

1.b. 'percuotere; battere; dar busse'

It. **scappellotto** 'colpo per lo più leggero, inferto con il palmo della mano sulla nuca di q. come punizione o anche in segno di simpatia, confidenza o come lieve rimprovero; anche, schiaffo o percossa su qualsiasi parte del corpo' (dal 1617, Tassoni, B; DISC; Zing 2006), bol. *scapellotto* Bumaldi 1660.

It. *scappellotto* m. 'rimprovero verbale' (1842, Manzoni, B; ante 1957, Rebora, B).

It. *scappellotti* (*dell'esperienza*) m.pl. 'avversità; lezione dolorosa, negativa; battuta d'arresto in un'attività' (ante 1866, D'Azeglio, B; 1869-79, R.Sacchetti, B).

Sintagma: it. *co[n] gli scappellotti* 'con un forte favoreggiamento; indipendentemente dai meriti personali' (1870, Ghislanzoni, B); *senza scappellotto* 'senza favoritismi e raccomandazioni' (1941, Moretti, B); loc. verb.: it. *passare* (*all'esame*) *con uno scappellotto* 'con una raccomandazione' (1881, Carducci, B).

Con influsso di ⌜*cuppa*⌝: it. **scopelotto** m. 'colpo per lo più leggero; scappellotto' (1612, G.B. Andreini, B).

It. *scoppellotti* (*di fortuna*) m.pl. 'avversità; lezioni dolorose, negative' (1754, Baretti, B).

Per le proposte etimologiche cfr. DELIN 1457: "Etim. incerta. La voce viene comunemente ricondotta a *cappello* ("colpo dato nella parte di dietro del capo con la mano aperta, quel tanto che basterebbe a buttar giù il cappèllo": DEI; cfr. anche A. Prati, in ID XIII [1937] 111-113 e DevotoAvv., mentre Migliorini-Duro pensano, sia pur con riserva, allo spagn. *sacapelotas* (colui che fa cadere le palle rimaste sul tetto, al gioco della pillotta)". La deformazione dello spagn. *sacapelotas* pare poco probabile per ragioni cronologiche e fonetiche. Il *cappello* forse non c'entra quando una base *cap*(*p*)- 'percuotere' + *-ellare* può spiegare la voce in modo più soddisfacente. Dato che molte forme mostrano l'influsso di *cuppa* 'collottola' si potrebbe anche presentare *scappellotto*/*scoppelotto* sotto *cuppa* forse con influsso di *capp-* 'percuotere dar botte'.

Passiamo alle conclusioni:

1) Per spiegare voci difficili di origine spesso preromanza è indispensabile un materiale dialettale quasi esaustivo, cfr. p.es. *chiappa*.

2) Per rafforzare la spiegazione semantica di una voce in molti casi metafore analoghe sono rivelatrici, p.es. per *chiappa* 'natica' le immagini di una conchiglia bivalve, dell'uovo sodo fesso o della coppia di fichi tagliati a metà.

3) Sono importanti non solamente la fonetica e la semantica ma anche la morfologia e la formazione delle parole, nel nostro caso i suffissi verbali *-ulare* e la retroformazione deverbale *-olo* in *scampolo* e *-ellare* con la retroformazione *-ellotto* nel caso di *scappellotto*.

4) Spesso la chiave per spiegare etimologie incerte si trova soltanto redigendo tutta la serie di una famiglia lessicale: per *chiappa* 'natica' è necessaria la redazione di tutte e due le famiglie di *capulare* 'prendere, pigliare' e di *capp-/-ulare* 'tagliare'; per *scappellotto* si è dovuta redigere anche tutta la famiglia di

cappello per poter decidere se *scappellotto* si presenta sotto *capp-* 'percuotere' o sotto *cappellus* 'cappello'.

5) Il sommario estremamente lungo di questa voce preromanza rivela un pericolo per il LEI: la quantità del materiale a disposizione che esige una selezione. Gli atlanti linguistici, le banche dati moderne e i vocabolari (spesso ottimi) creano una base ideale per il lessicologo che però corre il rischio di naufragare. Da una parte è decisiva l'esaustività del materiale, dall'altra si deve saperlo selezionare. Ecco il compito del lessicologo futuro: riconoscere gli elementi lessicali preziosi e eliminare le ridondanze e i detriti non indispensabili.[54]

---

[54] Ringrazio i colleghi e amici Franco Crevatin (Trieste) e Marcello Aprile (Lecce) per la rilettura e aggiunte al manoscritto.

Francesco Sabatini
(Università di Roma Tre, Accademia della Crusca)

La grammatica in un dizionario
(riassunto)

Gli antenati dei vocabolari sono i *glossari*: raccolta delle glosse (interlineari o annotate a margine) che isolavano e spiegavano il significato di singole parole di un testo. Per sua antica tradizione il vocabolario – detto anche dizionario, senza alcuna apprezzabile differenza – mira a estrarre le **unità lessicali** della lingua, e con spiccata tendenza a raccogliere quelle di significato pieno (nomi, aggettivi, verbi, avverbi). Molto più tardi (con il *Vocabolario* della Crusca, 1612) entrano sistematicamente le parole grammaticali: preposizioni, congiunzioni, pronomi. Tutti i vocabolari da allora le hanno accolte, ma la loro illustrazione è sempre stata molto schematica, e comunque impostata su nozioni elementari di "grammatica della frase", senza proiezioni verso i fenomeni della "testualità".

Questa impostazione lessicalista ha resistito fino alla fine del secolo XX. La visione dominante tra i "descrittori della lingua" rimandava l'illustrazione di quello che possiamo chiamare il "movimento della lingua" (micro- e macrosintassi, fenomeni della testualità) ad altri strumenti: una "grammatica" e saggistica (o trattati di "stilistica").

Gli strumenti di questo secondo tipo descrivono i fenomeni "grammaticali" (ed eventualmente "testuali") inquadrandoli in categorie (costituenti della frase; lista dei "complementi"; ecc.) e impiegando un limitato numero di elementi della serie. Il vasto orizzonte dei fenomeni sintattici legati alle valenze e alle reggenze dei verbi non viene considerato nella prospettiva delle proprietà dei verbi ma dei "complementi".

Un dizionario che includa pienamente le dimensioni "grammaticale" e "testuale" della lingua ottiene i seguenti risultati:

- i fenomeni, sia **grammaticali** sia **testuali**, sono trattati per ogni elemento di ciascuna serie (solo un dizionario può contenerli tutti), con segnalazione delle eventuali differenze d'uso tra i diversi "sinonimi" (ad es. tra *ma*, *però*, *tuttavia*, *nondimeno*), stabilendo anche equivalenze pragmatiche con elementi che grammaticalmente appartengono ad altre categorie (ad es., equivalenza pragmatica tra *comunque*, *benché*, *quando* assoluti, usati come congiunzioni testuali, e le congiunzioni limitative);

- i fenomeni legati al **dinamismo del verbo** (valenze, e diversità semantiche legate al mutamento delle valenze; reggenze, nominali e frasali), trattati sistematicamente per tutti i verbi (solo un dizionario può contenerli tutti), assumono una piena autonomia e si affermano vistosamente davanti ai nostri occhi;
- possono essere illustrati in modo puntuale e sistematico, nell'ambito delle strutture generate dai singoli elementi lessicali, anche i fenomeni **prosodici**, con i corrispondenti usi interpuntivi.

In sintesi, l'intero corpo (entro confini prestabiliti) di una lingua è contenuto soltanto in un dizionario. Di questa globalità, accolta in un unico contenitore anche se scomposta nella lemmaticità alfabetica, c'è bisogno per cogliere il **funzionamento della lingua,** incrociando le diverse prospettive (morfologica, sintattica, semantica, testuale, oltre che ortoepica e ortografica; a parte le informazioni su etimologia, diastratìa, diatopìa, diafasìa). Il dizionario va dunque concepito (come proposto fin dalla prima apparizione dal Sabatini-Coletti: 1997[1], 2006[4]) sempre più come **strumento centrale per la conoscenza e la descrizione sistematica della lingua nel suo pieno uso**, superando la sua vecchia immagine di strumento per conoscere il "significato" (e poco più) delle parole.

John Simpson
(Chief Editor, *Oxford English Dictionary*)

Why is the *OED* so small?

When the surviving editors of the *Oxford English Dictionary* laid down their pens on the completion of the first edition of the dictionary and its supplement in 1933 they wrote a preface which opened with the following statement:

> "If there is any truth in the old Greek maxim that a large book is a great evil, English dictionaries have been steadily growing worse ever since their inception over three centuries ago. To set Cawdrey's slim small volume of 1604 beside the completed Oxford Dictionary...is like placing the original acorn beside the oak that had grown out of it."[55]

Historical dictionaries are necessarily large: typically they trace a language over centuries of use. In the *OED*'s case, the dictionary deals with English from the earliest records around 1,500 years ago right up to the present day. By 1989 the *OED* had grown to twenty volumes, and when the current Third Edition is complete it will probably run (if it were to be printed) to around forty volumes.

What is the Third Edition?

The Third Edition of the *OED*, available to subscribers at oed.com, is a project on which about sixty editors are currently working in Oxford and New York. The objective is (simply) to give the original *OED* and its Supplement (published together as the Second Edition in 1989) a comprehensive revision and update - the first in the dictionary's long life. To this end *every entry* in the dictionary is being thoroughly reviewed. New and often earlier documentation is provided for words; new words and new meanings are added; definitions are rewritten as necessary; etymologies are enhanced with the latest knowledge, pronunciations are reviewed (and broadened to include North American forms as standard); and bibliographical details are being aligned with modern knowledge. This is a large task, especially when you consider that the *OED*

[55] *Oxford English Dictionary* (Oxford, 1933), p. vi.

seeks to cover English in all of its varieties throughout the world. The first results of our revision were published in March 2000 and every three months since then we have released more and more revised, updated, and new entries - now at the rate of some three thousand entries each quarter. The cycle of revision and update will take more than another ten years, though we haven't yet fixed on a firm completion date.

It is instructive to investigate the results of revising just one of the *OED*'s many thousands of entries. The following entry is the Third Edition's entry for the word *menagerie*. There had been no alterations to the entry in the Second Edition of the *OED* (1989), and so the current entry (published in 2001) updates the original *OED* entry of 1906. The entries below show the entry as it appeared in the Second Edition, followed by the text now available in the Third (online) Edition[56]:

menagerie (mᵊˈnædʒᵊrɪ) Also 8-9 **-ery**, (8 **managerie**, **menegerie**). [a. F. *ménagerie* domestic administration, management of cattle, building of a cattle-farm, now chiefly in sense 1 below; f. *ménage*: see MÉNAGE and -ERY. Cf. MANAGERY.]

1. a. A collection of wild animals in cages or enclosures, esp. one kept for exhibition, as in zoological gardens or a travelling show. Also, the place or building in which they are kept.

1712 J. JAMES tr. *Le Blond's Gardening* 23 Menagery is a Place where they keep Animals of several Kinds for Curiosity. **1762-71** H. WALPOLE *Vertue's Anecd. Paint.* (1786) IV. 8 Laguerre's father..became master of the menagerie at Versailles. **1829** LANDOR *Imag. Conv., Albani & Pict.-Dealers* Wks. 1853 II. 12/2 As to the lion, he has been in the menagery from his birth. **1886** J. G. WOOD in *Leis. Hour* 445 From early childhood I have been in the habit of frequenting menageries.

b. *transf.* and *allusively*.

1784 COWPER *Tiroc.* 293 What causes move us, knowing as we must That these *Menageries* all fail their trust, To send our sons to scout and scamper there? **1850** CARLYLE *Latter-d. Pamph.* vii. (1872) 241 Our menagerie of live Peers in Parliament. **1854** MACAULAY *Biog., Johnson* (1860) 121 An old quack doctor named Levett..completed this strange menagerie.

---

[56] All entries are the copyright of Oxford University Press and are reproduced by permission of the Secretary to the Delegates of Oxford University Press. The First Edition of the *Oxford English Dictionary* (*OED1*) was published by Oxford University Press in instalments between 1884 and 1928; the Second Edition (*OED2*) was published in 1989; and the Third Edition (*OED3*, 2000-; in progress) is available online to subscribers at http://dictionary.oed.com.

†**2.** An aviary. *Obs.*

1749 LADY LUXBOROUGH *Lett. to Shenstone* 29 Aug., I have reared but one single Guinea-chick this year. - If I had such a command of corn and of water as you have, I should be apt to fall into the expense of a *Ménagerie*. **1757** MRS. DELANY in *Life & Corr.* 461 The menagerie is not stored with great variety, but great quantities of Indian pheasants. **1830** 'B. MOUBRAY' *Dom. Poultry* (ed. 6) 129 The Noblemen and Gentlemen who have private menageries for pheasants.

Hence **me'nagerist**, a keeper of a menagerie.

1850 in Cansick *Epitaphs Middlesex* (1872) II. 130 To the Memory of George Wombwell (Menagerist),..died..1850.

menagerie, *n. Brit.* /mɪ'nadʒ(ə)ri/, *U.S.* /mə'næ(d)ʒəri/ Forms: 16 **managirie**, **minagerie**, 17 **menegerie**, 17-18 **managerie**, 17-18 (18- *Eng. regional*) **menagery**, 17- **ménagerie**, **menagerie**, 18- (*Eng. regional*) **menaagery**. [< French *ménagerie*, † *mesnagerie* (1664 in sense 1; 1530 in Middle French as *mesnagerie* in sense 'administration of a house and esp. a farm', 1552 in sense 'dovecote', second half of 16th cent. in sense 'farmyard, farm') < Old French *mesnage* MÉNAGE *n.* + *-erie* -ERY. Cf. MANAGERY *n.*, MESNAGERY *n.*]

1. a. A collection of wild animals in cages or enclosures, *esp.* one kept for exhibition, as in a zoo, etc. Also: a place or building in which such a collection is kept. Travelling menageries which presented live animals in cages (normally distinct from circuses, where the animals typically perform tricks and other feats) were extremely popular from the 1830s, and died out around 1930. Two of the most famous in Britain were Mander's Royal Menagerie and Bostock and Wombwell's Menagerie.

1676 R. HOOKE *Diary* 13 May (1935) 232 Talkd of anatomy, of the French managirie [etc.]. **1712** J. JAMES tr. A.-J. Dezallier D'Argenville *Theory & Pract. Gardening* 23 Menagery is a Place where they keep Animals of several Kinds for Curiosity. **1762-71** H. WALPOLE *Vertue's Anecd. Painting* (1786) IV. 8 Laguerre's father..became master of the menagerie at Versailles. **1838** W. S. LANDOR *Imaginary Conversat.* in *Monthly Repos.* Apr. 236/2 As to the lion, he has been in the menagery from his birth. **1853** E. F. ELLET *Summer Rambles in West* 219 The visit of a travelling menagerie at Bunker Hill caused an excitement through the country for miles around. **1886** J. G. WOOD in *Leis. Hour* 445 From early childhood I have been in the habit of frequenting menageries. **1906** *Westm. Gaz.* 24 Dec. 4/1 An African thumbless monkey is among the recent additions to the 'Zoo' menagerie. **1931** S. MCKECHNIE *Pop. Entertainments* viii. 222 Bertram W. Mills' Circus and Menagerie..only in its second tenting season..has already revolutionised the status of the circus. **1988** B. CHATWIN *Utz* 55 We passed from the monkeys to the rest of the menagerie.

b. In extended use.

1771 H. MACKENZIE *Man of Feeling* xxi. 77 You waste at school years in improving talents, without having ever spent an hour in discovering them... From this menagerie of the pedagogue, a..boy is turned loose upon the world to travel. **1777** K. O'HARA *April-day* III. 31 The bear's arctic, catarctic, Saturnus, Urnus, Ops, Hydrops, Libra, Zebra, (Wi' the rest of the menagerie celestial). **1850** T. CARLYLE *Latter-day Pamphlets* (1872) VII. 241 Our menagerie of live Peers in Parliament. **1854** MACAULAY *Johnson* in *Biogr.* (1860) 121 An old quack doctor named Levett..completed this strange menagerie. **1925** *Amer. Mercury* May 4/2 When the old-fashioned drunkard..made a jovial exit astride a purple dipsosaurus or some other animal of the alcoholic menagerie, the Anti-Saloon League gathered around his coffin and wept. **1975** P. D. JAMES *Black Tower* iii. 75 Someone on the staff of that over-equipped and ill-disciplined menagerie..ought to have been able to recognize a scholar. **1992** *Discover* May 78/3 A veritable menagerie of illnesses caused by protozoa, nematodes, fungi, viruses, and bacteria.

†**2.** An aviary. *Obs.*

1749 LADY LUXBOROUGH *Let.* 29 Aug. in *Lett. to W. Shenstone* (1775) 117, I have reared but one single Guinea-chick this year.—If I had such a command of corn and of water as you have, I should be apt to fall into the expense of a Ménagerie. **1757** MRS. DELANY in *Life & Corr.* 461 The menagerie is not stored with great variety, but great quantities of Indian pheasants. **1830** 'B. MOUBRAY' *Domest. Poultry* (ed. 6) 129 The Noblemen and Gentlemen who have private menageries for pheasants.

The first point to note is that there is no change in the form of the headword. However the next field of information, the pronunciation, shows two transcriptions rather than one. The first represents the modern British English pronunciation (presented in an updated version of the International Phonetic Alphabet); the second shows for the first time in the *OED* an American pronunciation. Next comes the list of recorded spelling variants: there were only three in the original version, but there are now eight in the revised text, illustrating spelling variants of *menagerie* from the seventeenth century onwards. The new etymology is also completely rewritten. The original etymology derived the word from French, giving the spread of meanings in French, and cross-refers to the entry for *managery*. In *OED3* the etymology still, of course, records the term as derived from French but, as a result of substantial work in French etymology over the past century, is able to document variant forms within French, and dates the first occurrence of the significant meanings in French, for comparison with the historical emergence of senses in English. The French word is now derived from the Old French form, about which *OED1* was silent. The impression given is of more interplay between English and French over the past four centuries than had been apparent from *OED1*'s one-dimensional presentation of the facts.

The principal and oldest meaning of *menagerie* in English (sense 1) is predated in *OED3* by 36 years from 1712 to 1676, to the diary of the scientist Robert Hooke (published since the original edition of the dictionary was published). A further nineteenth-century illustrative example is given (1853), this time from an American text, and three twentieth-century examples are provided to document the word's continued existence up to the present day. Careful readers will notice that the Landor quotation (1829 in the original edition) has been reverified and correctly dated to 1838. The extended use in sense 1b has also been antedated, from 1784 (Cowper) to 1771, with a further earlier quotation added from 1777. Again three twentieth-century examples have been provided, to document the use to the present day. No further documentation has been found for the final meaning of the word ('an aviary', recorded in both the original edition and *OED3* from 1749).

The overall effect of the revision has been to augment the historical and modern information we have for this word, mirroring the types of improvements which have been applied to thousands of other entries to date. We now know that *menagerie* entered English in the seventeenth, rather than the eighteenth, century; that its earlier history within French is more complex than had previously been recorded; that spelling variants persisted in mainstream English into the eighteenth century and continued within the English dialects into the nineteenth century and beyond. Finally, we have confirmation of the obsoleteness of the final meaning 'an aviary', which appears to have lasted for only about a hundred years in English.

How do we keep the dictionary under control?

The answer is that we employ a strict editorial policy aimed at allowing us to describe the language concisely and yet as comprehensively as we think appropriate. We can now examine several of the features of this.

Selection criteria

English is traditionally divided into three major periods: Old English (up to around 1150 AD), Middle English (to around 1500), and Modern English (from around 1500 to the present day). The first pragmatic decision that the original editors of the dictionary took was to concentrate principally on the language from the Middle English period onwards. This is not to say that Old English is excluded, but that Old English words are only included if they survive into the Middle English period. The following list gives examples of Old English words from a short range of the alphabet which were excluded from the dictionary because they failed to survive into Middle English:

hunthyrlu 'holes in the upper part of a mast'
hunu (?) 'a disease'
huruthinga 'at least, especially'
husa 'member of a household'
husærn 'dwelling-house'
husbrycel 'burglarious'
husbryne 'burning of a house'
husclic 'shameful'
huselbearn 'communicant'

The policy of selection is crucial. It allows us to exclude large areas: for example proper names which do not have a lexical component and some regional language or dialect. It is not that the *OED* excludes all dialect (that would not be possible, for example, in the early days, before a standard variety had established itself). But regional English is typically only included if it is recorded in a reasonably wide geographical area, and is therefore known to a considerable number of speakers. This applies in Great Britain, but also to the *OED*'s coverage of the regional varieties of other forms of English abroad, in North America, Australia, etc.

Technical vocabulary (Science)

Scientific vocabulary is another area where many unfamiliar items might claim a place in the dictionary. Chemical names can run to hundreds of letters in length; compounds can be extremely long and convoluted in their form. Many terms are restricted to an arcane (though perhaps significant) corner of science. How should the *OED* differentiate between those items it includes and those it excludes? As ever, our criteria are generally based upon frequency, though we are influenced by evidence showing that a scientific term has drifted into more general usage.

The following table shows the frequency of words beginning with *prot-* (of which there are over 7,000) in a large corpus drawn from Chemistry journals.[57] The terms already in (or about to be added to) the *OED* are highlighted in gray:

protein 2018 proton 1026 protons 950 proteins 821 protonation 325 protonated 240
Protein 205 Proteins 146 protected 135 protease 120
Proton 111

protection 97 proteinase 86 proteolytic 69 protomers 68 Protonation 63 protocol 62 protomer 58 protic 37 proteolysis 33 protecting 28 Protection 23 protective 23 protonolysis 23 proteases 22 prototype 22 protect 17 proteoliposomes 17 protoporphyrin 16 proteinases 15 prototypical 13 Proteinase 12 Protons 12 protio 11 protoplasts 11 protoplast 10 PROTEINS 9 Protease 9 protein·min 9 protocols 9 Proteolytic 8 protein·h 8 prothiophos 8 Prot 7 Protonated 6 proteolyzed 6 Proteolysis 5 prothrombin 5 protonating 5 protrude 5 Protected 4 Protective 4 protects 4 protiated 4 protomeric 4

Protas3 Proteases 3 Protocol 3 proteobacteria 3 proteolytically 3 protonate 3 protonations 3 prototypic 3 PROT 2 PROTEIN 2 Proteinaceous 2 Proteoliposomes 2 Protic 2 Protomers 2 Prototropic 2 protamine 2 proteincollagen 2 protein·mM 2 proteobacterial 2 proteoglycan 2 protiolytic 2 prototropic 2 protozoa 2 protruding 2

Protasiewicz 1 Protector 1 Proteinpreparations 1 Proteinstaining 1
Protheroe 1 Prothiophos 1 Protio1 Protiva 1 Protoblot 1 Protomer 1 Protonolysis 1 Protoplast 1 Protoplasts 1 Protoporphyrin 1 Prototype 1 Prototypical 1 Protsessa1 protectants 1 proteinaceous 1 proteinic 1
proteinlike 1 proten1 potential 1 proteoglycans 1 protioamine 1 protiodiethyl 1 protium 1 proto 1 protoheme 1 protolysis 1 protolytic 1 protonaromatic 1 protones 1 protonic 1 protonmeasurements 1
protonolyzing 1 protonylsis 1 protooncogene 1 protooncogenes 1

[57] This database was made available to the *OED* several years ago by Dr Michael Lesk, formerly of Bell Labs, Murray Hill, New Jersey.

prototrophic 1 prototypes 1 protozoan 1 protractor 1 protsessov 1

Again the dictionary seems to cover the major terms, as well as many lesser-known ones which are significant in the subject. But a fair number of typographical errors, loose collocations, and other occasional forms are omitted.

The evidence of word usage employed by the dictionary derives principally from its collection of data held on cards and on its computer databases, and also from the ever-growing assembly of word data accessible via the Internet. This evidence allows the editors to select words and senses of words for inclusion according to their frequency of usage. Terms which are well attested will be included in the dictionary; terms for which there is only scant evidence will normally be omitted. The dictionary's files contain many thousands of terms which have not been added to the dictionary. As evidence grows, some of them may be added in the future.

The following list shows a sequence of words (and their frequency of occurrence) accessible in the word-index to the Literature Online (LION)[58] database of literary texts in English from the Middle English period onwards. The terms below have all been excluded from the *OED* for the reasons given:

menai (29)	- proper name
menaï (3)	- proper name
menaida (204)	- proper name
menaida's (34)	- proper name
menaing (1)	- typographical error for 'meaning'
menai's (17)	- proper name
menaï's (3)	- proper name
menajery (2)	- humorous variant of 'menagerie'
menaka's (1)	- proper name
menal (65)	- abbrev. for proper name (Menalippe) in plays, etc. though included in the OED as a variant form of 'menial'
menala (1)	- proper name
menalacs (1)	- typo for proper name 'Menalcu'
menalaij (1)	- proper name
menalaion (1)	- proper name
menalaos (1)	- proper name

[58] See http://lion.chadwyck.co.uk/marketing/index.jsp.

menalape (1)	- proper name

This second list, from the same source, displays another sequence from elsewhere in the alphabet:

deaness (3)	- all from Sterne's *Tristram Shandy*: in *OED*
deaneth (1)	- typographical error in 1585 side-note for 'meaneth'
deanger (1)	- Scots variant of 'danger' (not in *OED*, *DSL*)
deangthi (1)	- *Be-deangthi*, in discussion of Hebrew and other terms
deanhaugh (1)	- proper name
deanish (1)	- rare derivative of 'dean' (not in *OED*)
deanite (2)	- from the work of SirWalter Scott: = 'an ally of Mr Deans'
deanorie (2)	- 18th-century archaism found as part of a proper name
deanport (186)	- proper name

It is worth emphasizing this selectivity, as it is a common misconception that the *OED* seeks to include all the words in the English language. It would be better to say that the *OED* seeks to include all those words which have or have had a substantial place in the language.

Documentary evidence

The dictionary provides documentary evidence for each of the words and senses that it includes. It will always include the earliest illustrative quotation available for a word or a meaning of a word, as well as a selection from later years, up to the present day (or until the point of obsolescence). This is an area which could lead potentially to a significant explosion in the dictionary's size. So much documentation is available for common terms over history that paragraphs of quotations illustrating usage could be easily manufactured. But again this hazard is sidestepped by a strong editorial policy. Editors are instructed to *select* from the wealth of illustrative documentation. This selection is based on many criteria: we seek to illustrate the variety of genres in which a term is used; the introduction of major variant spellings; geographical and chronological spread; quotations which add (through their text) some historical or semantic information which cannot be included in the definition; etc.

The revised entry for the word *porthole* illustrates the point well.[59] The highlighted quotations have been added to the entry in the process of revising. But these additions represent only a minute proportion of the documentary evidence available to the editors in the dictionary's own word-files and other sources. It is interesting to note that one database, the Eighteenth Century Collections Online (ECCO)[60] contains over 1,100 instances of the word *porthole* alone! In order to accommodate this new material, it is sometimes necessary to remove existing but superseded quotations from the text of the dictionary.

porthole, *n. Brit.* /pɔːthəʊl/, *U.S.* /pɔrt(h)oʊl/ [< PORT *n.*³ + HOLE *n.*]

1. a. *Naut.* Originally: an aperture in a ship's side through which a cannon may be pointed. Subsequently: a small window (usually circular) in the side of a boat or ship. Also *fig.*

1569 T. STOCKER tr. Diodorus Siculus *Hist. Successors Alexander* III. xi. f. 121ᵛ, He picked oute hys strongest Barques and furnished them with thicke planchers made out with great wyndowes, which serued in stead of Port holes to open and shut. **1591** R. PERCYVALL *Bibliotheca Hispanica* Dict. s.v. *Portañola*, A port-hole, *porta*. **1602** J. MARSTON *Antonios Reuenge* II. ii. sig. D2, The port holes Of sheathed spirit are nere corb'd vp. ***a*1618** W. RALEIGH *Observ. Royal Navy* 26 Wont to plant great red Port-holes in their broad sides, where they carried no Ordnance at all. **1691** T. HALE *Acct. New Inventions* p. x, So contrived the Port Holes therein, that most of her Guns might point to one Center. **1759** W. FALCONER *Descr. Ninety-gun Ship* 41 Full ninety brazen guns her port-holes fill. **1792** E. BURKE *On Negro Code* in *Wks.* IX. 285 Grated port-holes between the decks. **1842** DICKENS *Amer. Notes* I. i. 6 There was a beautiful port-hole which could be kept open all day (weather permitting). **1892** W. C. RUSSELL *Marriage at Sea* iii, A black steam~boat,..her portholes glittering as though the whole length of her was studded with brilliants. **1943** D. WELCH *Maiden Voy.* xiii. 105 In the evening I walked round the deck passing constantly the portholes of Mrs Wright's cabin. **1992** *Ships Monthly* Apr. 40/3 Lit from the truck of her mast down to the lowest row of portholes at the waterline, she was a fine sight to see as she made her way downriver.

b. A small window in the side of an aircraft or spacecraft.

1927 *Times* 3 Aug. 7/6 Portholes [*sc.* in a flying boat] complete the illusion that one is in an ordinary liner. **1937** *Lincoln* (Nebraska) *Evening Jrnl.* 25 June 12/4 There is a hint of a woman's touch on the interiors—such as in the linen curtains at the portholes—but

[59] "porthole, *n.*" OED Online. June 2007. Oxford University Press. 18 September 2007 <http://dictionary.oed.com/cgi/entry/50184561>.

[60] See http://gale.cengage.com/EighteenthCentury/.

for the most part they are merely great winged flying machines. **1962** W. SCHIRRA in *Into Orbit* 33 They..pointed out that they had already stuck on a periscope and a couple of small port-holes, but we all felt strongly that a pilot ought to have a clear, visual reference to his surroundings. **1968** *Listener* 27 June 827/1 Departure by air could involve hazards quite separate from the lurking fears..of being sucked, à la James Bond, out of a porthole. **1970** T. HUGHES *Crow* 13 It was cosy in the rocket, he could not see much But he peered out through the portholes at Creation. **2000** *N.Y. Times* 1 Jan. A30/1 From the porthole of their spacecraft that Christmas Eve in 1968 we could see how small, how wondrous our planet is.

2. In extended use.

a. An aperture in a wall, esp. serving as an embrasure; a small circular window in a building, resembling a ship's porthole (cf. *porthole window* n. at Compounds 2).

1637 H. HEXHAM *True & Briefe Relation Famous Seige of Breda* 42 These [batteries] being planted beate vpon the Ennemies port holes, and put one of their halfe Canon presently to silence. **1645** N. DRAKE *Jrnl. Sieges Pontefract Castle* 11 May (1861) 37 One of our men was looking out of a porthole on the Round tower. **1677** EARL OF ORRERY *Treat. Art of War* 118 Erect your Parapets, which may be Cannon-proof, with Portholes, or with great Cannon Gabions well fill'd with Earth. ***a*1701** H. MAUNDRELL *Journey to Jerusalem* (1703) 18 It has the face of a Castle being Built with port-holes for Artillery, instead of Windows. **1753** J. HANWAY *Hist. Acct. Brit. Trade Caspian Sea* (1762) I. III. xxxiv. 157 This city is inclosed within a wall above a mile in each square, with a great number of regular turrets and port~holes for arrows. **1847** G. R. GIBSON *Jrnl.* Feb. (1935) 336 The best of artillery has no effect upon them [*sc.* walls] except to make portholes for the enemy. **1892** *Catholic World* Apr. 107 It was also a trading-post, but a yet more extensive and elaborate structure, built after military models, with turrets, bastions, and portholes. **1931** *Internat. Affairs* **10** 864 The frowning towers over the gates of Peking with port-holes filled with painted cannon. **1983** P. FUSSELL *Class* iv. 84 Some proles aim for status by going in for 'portholes' on their split-level ranch houses, circular openings a foot and a half in diameter with white surrounds. **2005** *N.Y. Times* (Nexis) 26 Jan. F.7/1 A fine lobster roll was served to me in a booth complete with a porthole.

b. An air-hole or access hole in a furnace.

?1677 W. DERHAM *Philos. Exper. & Observ. Eminent Dr. Robert Hooke* (1726) 175 At the Bottom, make two Port-holes, opposite to one another, and capable to receive a Hand; make a Bottom of the same Clay, which may reflect the Heat. **1791** *Philos. Trans.* (Royal Soc.) **81** 175 He now stops the port hole in the door [of the furnace] at which he had introduced his tools, and applies a fierce flame for 6 or 8 minutes. **1858** *Jrnl. Soc. Arts* 3 Dec. 32/2 There is an airhole in each back corner [of a roasting furnace], called a porthole. **1871** J. T. TROWBRIDGE *Lawrence's Adventures* iii. 54 Lawrence, shielding his eyes with his hand, advanced to one of the port-holes, and saw what seemed a pot of liquid fire within. **1997** S. MEGY et al. in P. Fauchais *Progress Plasma Processing Materials* 468 On the roof, there are a port hole (0 ~ 100mm.) in the center for a cathode assembly, and three auxiliary holes.

c. *Austral.* and *N.Z.* An aperture in the wall of a shearing shed through which shorn sheep are passed into a counting-out pen.

Sometimes also applied to the chute or ramp into the counting-out pen; see quot. 1982.

1882 A. S. ARMSTRONG & G. O. CAMPBELL *Austral. Sheep Husbandry* xv. 175 Upon the opposite side of the shearing board, 'port-holes', or small doorways, are made (one for each shearer), through which the sheep are turned when shorn. **1933** *Press* (Christchurch, N.Z.) 30 Sept. 15/7 *Counting out pens.* Each shearer has his own and passes his sheep through a *porthole* into his, so that each man's tally may be counted. **1956** G. BOWEN *Wool Away!* (ed. 2) iii. 43 A lot of time and effort can be wasted in switching off and kicking sheep out the porthole. **1982** J. S. GUNN in *Austral. Lang. Res. Centre Occas. Papers* (Sydney Univ.) **20** 7 The *chute* (ramp) and *porthole* (opening to the ramp) were once quite distinct but soon carelessly confused.

d. *Archaeol.* A hole in a slab or adjacent slabs of stone, forming the entrance to a tomb or other chamber.

1928 H. PEAKE & H. J. FLEURE *Steppe & Sown* ii. 24 The circular hole, or porthole as it has been called, is a usual feature [of stone cists near Tzarevskaya], and occurs elsewhere. **1940** *Proc. Prehistoric Soc.* **6** 133 Problems associated with the nature and origin of portholes in megalithic tombs in Europe. **1958** G. DANIEL *Megalith Builders W. Europe* ii. 44 Port-holes occur in southern Iberia and in a small number of tombs in France and Britain, as well as in the Gallery Graves of southern Sweden. **1988** *Man* **23** 548 The provision of internal constrictions within the tomb, in the form of septal slabs or portholes, has usually been interpreted as a means of restricting access.

3. A port (PORT *n.*[3] 5a) in a steam engine. Now *rare.*

1854 *Sci. Amer.* 8 July 342/3, [I claim] the form and operation of the induction valves..closing the port holes on a circle section against the water after it passes them. **1888** P. N. HASLUCK *Model Engineer's Handybk.* 27 On turning the fly-wheel the crank draws the piston-rod out and inclines the cylinder sideways, bringing the port-hole to the left. **1913** L. WHITE *Catskill Water Supply N.Y. City* 689 In one position the valve allows air to enter through port holes to the space above the piston cylinder.

†4. *Zool.* Each of the tiny apertures in the columnar body of a sea anemone, through which the stinging acontia may project; = CINCLIS *n. Obs. rare.*

1897 T. J. PARKER & W. A. HASWELL *Text-bk. Zool.* I. 188 Many Sea-anemones possess curious organs of offence called acontia. These..can be protruded through minute apertures in the column, called 'port-holes' or cinclides.

COMPOUNDS

C1. General *attrib.*

porthole shutter *n.*

1862 G. WELLES *Let.* 20 Sept. in *Official Rec. Union & Confederate Navies War of Rebellion* (U.S. Naval War Rec. Office) (1905) 1st Ser. XIX. 319, I have respectfully to report the repairs of this vessel completed, including the machinery and boilers and the plating of four *porthole shutters. **1892** E. REEVES *Homeward Bound* 95 We now find the advantage of the port-hole shutters. **1917** *Syracuse* (N.Y.) *Herald* 7 Oct. (Magazine section) 8/1 We turned off the electric lights and pushed aside a porthole shutter.

C2. porthole cist *n. Archaeol.* a stone chamber or coffin entered through a porthole (sense 2d).

1939 V. G. CHILDE *Dawn European Civilization* (ed. 3) ix. 168 Forssander seems inclined to explain Pontic elements in Central Europe by a migration from the Caucasus of the makers of Globular Amphoræ who would also have brought the idea of the *porthole cist and the pit-cave tombs. **1973** *Current Anthropol.* **14** 440/1 The usual run of dolmens, porthole cists, and menhirs.

porthole slab *n. Archaeol.* a stone slab with a circular hole, forming an entrance to a tomb or other chamber; cf. sense 2d.

1946 *Man* **46** 97 *Porthole slabs are admissable as indices of megalithic architecture. **1983** *Macmillan Dict. Archaeol.* 402/2 *Port-hole slab*, a stone slab with a usually circular hole, or two adjacent slabs each with a semi-circular hole, most often found in megalithic tombs, from western Europe to India.

porthole stone *n. Archaeol.* = *porthole slab* n.

1939 V. G. CHILDE *Dawn European Civilization* (ed. 3) xii. 206 A *porthole stone often enhances the resemblance of a built tomb's doorway to the entry into a natural or artificial cave. **1956** V. G. CHILDE *Short Introd. Archaeol.* iv. 74 A port-hole stone is a slab, forming one end of a megalithic tomb or interrupting the entrance passage, in which has been neatly carved a round or sub-rectangular aperture through which access to the chamber might be obtained.

porthole window *n.* a small circular window resembling a ship's porthole.

1708 E. HATTON *New View London* I. II. 172/1 It has a camerated Roof, beautifully adorned with Arches of Fret-work, bet[wee]n each of which is a Panel of Crocket-work, and Fret-work, and a *Port-hole Window. ***a*1891** H. MELVILLE *Billy Budd* xviii, in *Wks.* (1924) XIII. 80 At each end of the oblong space were two sashed port-hole windows easily convertible back into embrasures for short carronades. **1991** M. RIPLEY *Angel*

Touch (BNC) 88 Lisabeth and Fenella..were riveted to the porthole window like two old men sharing a What the Butler Saw machine.

DERIVATIVES

portholed *adj.* provided with a porthole or portholes (in various senses).

1854 W. H. HURLBERT *Gan-Eden* vii. 74 The cars had a familiar look, having been built in those long *port-holed edifices. **1938** *Antiquity* **12** 302 Some of these (e.g. Züschen, Fritzlar) have a portholed septal slab. **1984** M. A. JARMAN *Nightly in Tavern* 63 Port-holed shanties perch a line between eelgrass and air. **2002** *San Diego Bus. Jrnl.* (Nexis) 7 Jan. 28 There are portholed diving helmets and '30s-era cameras.

The search for the perfect selection of illustrative quotations is an illusory quest. At some point the editor has to call a halt to the search, or encounter grossly diminishing returns. In fact editors rely on the principle that they spend as much time as they can afford in searching, but in the end they know that the entry must be published, and that others outside the editorial offices may well find better documentation - which can then be imported into the online dictionary for the benefit of everyone. The purpose of this selection is to present the reader with a manageable digest of the data available in such a way that it can be understood and interpreted in a relatively straightforward manner. It would often be easy to add further documentation, but this would be at a considerable cost, both in terms of the practical aspects (the more there is, the more the editors have to check and verify) but also in terms of usability. A large entry soon becomes unwieldy for the reader, and loses its focus.

The principle of sampling applies to many aspects of work on the dictionary, such as the reading of historical and modern texts in search of illustrative quotations. Although more or less the whole of the extant corpus of Old English (some 3 million words) is searchable electronically, the situation becomes more difficult the closer we come to the present day and the need for sampling therefore becomes similarly greater.

Editorial text

The last major portion of text in a historical dictionary which could become too large is that which the editors themselves create: the text of definitions and etymologies. Here I should point out that our system of working involves a number of interrelated processes. Put simply: data (from our files and databases, and from external databases) is collected together by research assistants; editors are then allocated a range of words to revise or draft within a finite amount of time (editors are divided into general and scientific editors); their work is then reviewed by a senior member of their editorial group, before being passed to the *OED*'s etymology group. This group is responsible for writing or rewriting the etymologies for the older and typically more complex words in English. At the same time the *OED*'s Bibliography group vets the bibliographical standards of the illustrative quotations. Finally the work comes to myself or the dictionary's Deputy Chief Editor for final editing and passing for press.

This is a very short description of a complicated process, which is supported by a tailor-made computer system allowing editors to edit and research their entries, and to monitor their progress against their schedule. I say this in case you think that controlling the dictionary is mainly a matter of controlling the policy. The largest single investment in the dictionary is represented by its editorial staff, and so how the staff are trained, motivated, and managed is central to the success of the current revision. There are, however, many aspects of editing that benefit from strong rules and guidelines. I am in general not in favour of a totally rule-based editorial process: the business of analysing and defining words needs to be more flexible than that. So we have rules for style and guidelines for policy. Editors learn to apply the guidelines better the more experience they have gained. There is no substitute for experience in lexicographical work.

Here are some typical guidelines to help steer editors in casting definitions:

1) Use standard modern English vocabulary and idioms – be neutral (if anything, slightly conservative) and not colloquial
2) Some aspects of a word are central to a definition, others are relevant but not central, and yet others are peripheral. You should not try to include every possible facet of a term in a definition

3) Beware of creating lists (especially those punctuated with 'etcetera' and 'and the like'), as these lead to a scattershot approach to definition; make words fight for a place in your definition
4) If you are not certain whether to add some feature to a definition, it is usually best to leave it out
5) Write the definition for the user, who can be assumed (in a historical dictionary) to have a general knowledge of the language used in definitions, and not to need absolutely everything spelled out
6) Don't define solely by context, as this means that you will end up with many more subsenses than you need (this is the 'lumping' versus 'splitting' argument)
7) If you are revising an older definition, do not assume that 'old' is wrong and 'new' is right; avoid the wilful destruction of the old if it is still the best way to define a word
8) Once you have written a definition, read it again several times to check that it flows, in terms of style, and aligns with the facts that you have, and then make it slightly shorter.

A historical dictionary supplements its definition with illustrative quotations. Editors can use these to flesh out less central aspects of a term's use. Appropriate subject labelling can help the definer, by leading the reader to interpret polysemous vocabulary accurately (a 'cell' in a word labelled as a term from Chemistry can be understood to be different from a 'cell' used in defining an Electrical term). There is clearly much more that can be said about defining style, but time restrictions mean that this is not the place to say it.

If I can summarize what I have said in general about scale in team lexicography, maybe I can put it in four statements:

1) Your editors are your greatest asset, so make sure they remain motivated and fixed on the goal
2) Sample your language data – don't try to be too comprehensive, or you will never finish!
3) Be brief. Select. Pare back. Give an ordered digest, as that is more useful to the reader than a chaotic accumulation of information

4) Just because you can do something, do not feel you have to do it. I am tempted to say: just because you can do something, don't!

Riassunto italiano

I dizionari storici sono di solito testi di grande estensione e consistono di vari volumi. Questo articolo esamina alcune strategie con cui la lessicografia storica può tener sotto controllo la mole dei suoi prodotti. Qui vengono discussi i criteri di scelta, il trattamento del vocabolario specialistico e aspetti delle scelte editoriali.

La recente proliferazione di dati storici e contemporanei *on line* costringe i lessicografi ad affrontare nuovi problemi relativi alla misura dei loro prodotti. I vari punti esaminati vengono illustrati in questo articolo con esempi che provengono dalla versione corrente dell'*OED*.

Indice

Romanische Sprachen und ihre Didaktik (RomSD)

Herausgegeben von Michael Frings und Andre Klump

ISSN 1862-2909

1 *Michael Frings und Andre Klump (edd.)*
Romanische Sprachen in Europa. Eine Tradition mit Zukunft?
ISBN 3-89821-618-7

2 *Michael Frings*
Mehrsprachigkeit und Romanische Sprachwissenschaft an Gymnasien?
Eine Studie zum modernen Französisch-, Italienisch- und Spanischunterricht
ISBN 3-89821-652-7

3 *Jochen Willwer*
Die europäische Charta der Regional- und Minderheitensprachen in der Sprachpolitik Frankreichs und der Schweiz
ISBN 3-89821-667-5

4 *Michael Frings (ed.)*
Sprachwissenschaftliche Projekte für den Französisch- und Spanischunterricht
ISBN 3-89821-651-9

5 *Johannes Kramer*
Lateinisch-romanische Wortgeschichten
Herausgegeben von Michael Frings als Festgabe für Johannes Kramer zum 60. Geburtstag
ISBN 3-89821-660-8

6 *Judith Dauster*
Früher Fremdsprachenunterricht Französisch
Möglichkeiten und Grenzen der Analyse von Lerneräußerungen und Lehr-Lern-Interaktion
ISBN 3-89821-744-2

7 *Heide Schrader*
Medien im Französisch- und Spanischunterricht
ISBN 978-3-89821-772-9

8 *Andre Klump*
„Trajectoires du changement linguistique"
Zum Phänomen der Grammatikalisierung im Französischen
ISBN 978-3-89821-771-2

9 *Alfred Toth*
Historische Lautlehre der Mundarten von La Plié da Fodom (Pieve di Livinallongo, Buchenstein) und Col (Colle Santa Lucia), Provincia di Belluno unter Berücksichtigung der Mundarten von Laste, Rocca Piétore, Selva di Cadore und Alleghe
ISBN 978-3-89821-767-5

10 *Bettina Bosold-DasGupta und Andre Klump (edd.)*
Romanistik in Schule und Universität
Akten des Diskussionsforums „Romanistik und Lehrerausbildung: Zur Ausrichtung und Gewichtung von Didaktik und Fachwissenschaften in den Lehramtsstudiengängen Französisch, Italienisch und Spanisch" an der Johannes Gutenberg-Universität Mainz (28. Oktober 2006)
ISBN 978-3-89821-802-3

11 *Dante Alighieri*
De vulgari eloquentia
mit der italienischen Übersetzung von Gian Giorgio Trissino (1529)
Deutsche Übersetzung von Michael Frings und Johannes Kramer
ISBN 978-3-89821-710-1

12 *Stefanie Goldschmitt*
Französische Modalverben in deontischem und epistemischem Gebrauch
ISBN 978-3-89821-826-9

13 *Maria Iliescu*
Pan- und Raetoromanica
Von Lissabon bis Bukarest, von Disentis bis Udine
ISBN 978-3-89821-765-1

14 *Christiane Fäcke, Walburga Hülk und Franz-Josef Klein (edd.)*
Multiethnizität, Migration und Mehrsprachigkeit
Festschrift zum 65. Geburtstag von Adelheid Schumann
ISBN 978-3-89821-848-1

15 *Dan Munteanu Colán*
La posición del catalán en la Romania según su léxico latino patrimonial
ISBN 978-3-89821-854-2

16 *Johannes Kramer*
Italienische Ortsnamen in Südtirol. La toponomastica italiana dell'Alto Adige
Geschichte – Sprache – Namenpolitik. Storia – lingua – onomastica politica
ISBN 978-3-89821-858-0

17 *Michael Frings und Eva Vetter (edd.)*
Mehrsprachigkeit als Schlüsselkompetenz: Theorie und Praxis in Lehr- und Lernkontexten
Akten zur gleichnamigen Sektion des XXX. Deutschen Romanistentages an der Universität Wien (23.-27. September 2007)
ISBN 978-3-89821-856-6

18 *Dieter Gerstmann*
Bibliographie Französisch
Autoren
ISBN 978-3-89821-872-6

19 *Serge Vanvolsem e Laura Lepschy*
Nell'Officina del Dizionario
Atti del Convegno Internazionale organizzato dall'Istituto Italiano di Cultura
Lussemburgo, 10 giugno 2006
ISBN 978-3-89821-921-1

Abonnement

Hiermit abonniere ich die Reihe **Romanische Sprachen und ihre Didaktik** (RomSD) **(ISSN 1862-2909)**, herausgegeben von Michael Frings und Andre Klump,

❐ ab Band # 1

❐ ab Band # ___

❐ Außerdem bestelle ich folgende der bereits erschienenen Bände:
#___, ___, ___, ___, ___, ___, ___, ___, ___, ___, ___, ___

❐ ab der nächsten Neuerscheinung

❐ Außerdem bestelle ich folgende der bereits erschienenen Bände:
#___, ___, ___, ___, ___, ___, ___, ___, ___, ___, ___, ___

❐ 1 Ausgabe pro Band ODER ❐ ___ Ausgaben pro Band

Bitte senden Sie meine Bücher zur versandkostenfreien Lieferung innerhalb Deutschlands an folgende Anschrift:

Vorname, Name: ______________________________

Straße, Hausnr.: ______________________________

PLZ, Ort: ______________________________

Tel. (für Rückfragen): ______________ *Datum, Unterschrift:* ______________

Zahlungsart

❐ *ich möchte per Rechnung zahlen*

❐ *ich möchte per Lastschrift zahlen*

bei Zahlung per Lastschrift bitte ausfüllen:

Kontoinhaber: ______________________________

Kreditinstitut: ______________________________

Kontonummer: ______________ Bankleitzahl: ______________

Hiermit ermächtige ich jederzeit widerruflich den *ibidem*-Verlag, die fälligen Zahlungen für mein Abonnement der Reihe **Romanische Sprachen und ihre Didaktik** (RomSD) von meinem oben genannten Konto per Lastschrift abzubuchen.

Datum, Unterschrift: ______________________________

Abonnementformular entweder **per Fax** senden an: **0511 / 262 2201** oder 0711 / 800 1889 oder als **Brief** an: *ibidem*-Verlag, Julius-Leber Weg 11, 30457 Hannover oder als **e-mail** an: **ibidem@ibidem-verlag.de**

ibidem-Verlag

Melchiorstr. 15

D-70439 Stuttgart

info@ibidem-verlag.de

www.ibidem-verlag.de
www.ibidem.eu
www.edition-noema.de
www.autorenbetreuung.de

Zeitfracht Medien GmbH
Ferdinand-Jühlke-Straße 7
99095 Erfurt, Deutschland
produktsicherheit@kolibri360.de